大师的国民理想

梁漱溟
胡　适
季羡林
等著

国际文化出版公司
·北京·

图书在版编目（CIP）数据

大师的国民理想／梁漱溟、胡适、季羡林等著. -- 北京：国际文化出版公司，2014.11（2024.1 重印）
ISBN 978-7-5125-0725-8

Ⅰ.①大…　Ⅱ.①梁…　Ⅲ.①中国文学—现代文学—作品综合集　Ⅳ.① I216.1

中国版本图书馆 CIP 数据核字（2014）第 203941 号

大师的国民理想

作　　者	梁漱溟　胡　适　季羡林等
责任编辑	赵　辉
统筹监制	葛宏峰　刘　毅
策划编辑	刘　毅　徐　峰
美术编辑	秦　宇
出版发行	国际文化出版公司
经　　销	国文润华文化传媒（北京）有限责任公司
印　　刷	天津市天玺印务有限公司
开　　本	710 毫米 ×1000 毫米　　　16 开
	16 印张　　　　　　　　　182 千字
版　　次	2014 年 11 月第 1 版
	2024 年 1 月第 4 次印刷
书　　号	ISBN 978-7-5125-0725-8
定　　价	58.00 元

国际文化出版公司
北京市朝阳区东土城路乙 9 号　　邮编：100013
总编室：（010）64270995　　　传真：（010）64270995
销售热线：（010）64271187
传真：（010）64271187-800
E-mail：icpc@95777.sina.net

目录 CONTENTS

第三篇 国民文化与学术

第四篇 时代 青年 理想

第五篇　爱国理想

第一篇

国民精神

我们的中国精神和以中国文化为核心的东方文化，其作用就仅仅限于中国和东方吗？否，否，绝不是的。……三十年河东，三十年河西，西方不亮东方亮，唯一的一条拯救之路就是以东方综合思维模式来济西方之穷，在过去已有的基础上改弦更张，人类庶几有被拯救的可能，这就是我的结论。

我们素称礼仪之邦，素讲伦理道德，素宣扬以夏变夷；然而，其结果却不能不令人失望而且迷惑不解。难道我们真要礼失而求诸野吗？这是我们每一个中国人所面临的而又必须认真反省的问题。

1. 少年中国说 [①] / 梁启超

▌ 美哉我少年中国，与天不老！壮哉我中国少年，与国无疆！

日本人之称我中国也，一则曰老大帝国，再则曰老大帝国。是语也。盖袭译欧西人之言也。呜呼！我中国其果老大矣乎？梁启超曰：恶，是何言，是何言，吾心目中有一少年中国在！

欲言国之老少，请先言人之老少。老年人常思既往，少年人常思将来。惟思既往也，故生留恋心；惟思将来也，故生希望心。惟留恋也，故保守；惟希望也，故进取。惟保守也，故永旧；惟进取也，故日新。惟思既往也，事事皆其所已经者，故惟知照例；惟思将来也，事事皆其所未经者，故常敢破格。老年人常多忧虑，少年人常好行乐。惟多忧也，故灰心；惟行乐也，故盛气。惟灰心也，故怯懦；惟盛气也，故豪壮。惟怯懦也，故苟且；惟豪壮也，故冒险。惟苟且也，故能灭世界；惟冒险也，故能造世界。老年人常厌事，少年人常喜事。惟厌事也，故常觉一切事无可为

[①] 本文发表于 1900 年 2 月 10 日，《清议报》第 35 册。

者；惟好事也，故常觉一切事无不可为者。老年人如夕照，少年人如朝阳；老年人如瘠牛，少年人如乳虎；老年人如僧，少年人如侠；老年人如字典，少年人如戏文；老年人如鸦片烟，少年人如泼兰地酒；老年人如别行星之陨石，少年人如大洋海之珊瑚岛；老年人如埃及沙漠之金字塔，少年人如西伯利亚之铁路；老年人如秋后之柳，少年人如春前之草；老年人如死海之潴为泽，少年人如长江之初发源。此老年与少年性格不同之大略也。梁启超曰：人固有之，国亦宜然。

梁启超曰：伤哉老大也！浔阳江头琵琶妇，当明月绕船，枫叶瑟瑟，衾寒于铁，似梦非梦之时，追想洛阳尘中春花秋月之佳趣。西宫南内，白发宫娥，一灯如穗，三五对坐，谈开元、天宝间遗事，谐霓裳羽衣曲。青门种瓜人，左对孺人，顾弄孺子，忆侯门似海珠履杂遝之盛事。拿破仑之流于厄蔑①，阿剌飞②之幽于锡兰③，与三两监守吏或过访之好事者，道当年短刀匹马，驰骋中原，席卷欧洲，血战海楼，一声叱咤，万国震恐之中功伟烈，初而拍案，继而抚髀，终而揽镜。呜呼，面皴齿尽，白发盈把，颓然老矣！若是者，舍幽郁之外无心事，舍悲惨之外无天地，舍颓唐之外无日月，舍叹息之外无音声，舍待死之外无事业，美人豪杰且然，而况于寻常碌碌者耶？生平亲友，皆在墟墓，起居饮食，待命于人。今日且过，遑知他日；今年且过，遑恤明年。普天下灰心短气之事，未有甚于老大者。于此人也，而欲望以擎云之手段，回天之事功，挟山超海之意气，能乎不能？

呜呼！我中国其果老大矣乎？立乎今日，以指畴昔，唐虞三

---

① 厄蔑，今译厄尔巴岛。

② 阿剌飞（1841—1911），今译阿拉比，亦译"奥拉比"，埃及爱国军官。

③ 锡兰，今译斯里兰卡。

代，若何之郅治！秦皇、汉武，若何之雄杰！汉、唐来之文学，若何之隆盛！康、乾间之武功，若何之烜赫！历史家所铺叙，词章家所讴歌，何一非我国民少年时代良辰美景，赏心乐事之陈迹哉？而今颓然老矣，昨日割五城，明日割十城；处处雀鼠尽，夜夜鸡犬惊；十八省之土地财产，已为人怀中之肉；四百兆之父兄子弟，已为人注籍之奴，岂所谓老大嫁作商人妇者耶？呜呼！凭君莫话当年事，憔悴韶光不忍看。楚囚相对，岌岌顾影；人命危浅，朝不虑夕。国为待死之国，一国之民为待死之民，万事付之奈何，一切凭人作弄，亦何足怪！

梁启超曰：我中国其果老大矣乎？是今日全地球之一大问题也。如其老大也，则是中国为过去之国，即地球上昔本有此国，而今渐渐灭，他日之命运殆将尽也；如其非老大也，则是中国为未来之国，即地球上昔未现此国，而今渐发达，他日前程且方长也。欲断今日之中国老大耶，则不可不先明"国"字之意义。夫国也者何物也？有土地，有人民，以居于其土地之人民，而治其所居之土地之事，自制法律而自守之；有主权，有服从，人人皆主权者，人人皆服从者。夫如是，斯谓之完全成立之国。地球上之有完全成立之国也，自百年以来也。完全成立者，壮年之事也；未能完全成立而渐进于完全成立者，少年之事也。故吾得一言以断之曰：欧洲列邦在今日为壮年国，而我中国在今日为少年国。

夫古昔之中国者，虽有国之名，而未成国之形也；或为家族之国，或为酋长之国，或为诸侯封建之国，或为一王专制之国。虽种类不一，要之其于国家之体质也，有其一部而缺其一部，正如婴儿自胚胎以迄成童，其身体之一二官支，先行长成，此外则全体虽粗具，然未能得其用也。故唐虞以前为胚胎时代，殷周之际为乳哺时代，由孔子而来至于今为童子时代，逐渐发达，而今乃始将人成童以上少年之界焉。其长成所以若是之迟者，则历代之民贼有窒其生机者也，譬如童年多病，转类老态，或且疑其死期之将至焉，而不知道皆由未完全、未成立也。非过去之谓，而未来之谓也。

且我中国畴昔，岂尝有国家哉？不过有朝廷耳。我黄帝子孙，聚族而居，立于此地球之上者既数千年，而问其国之为何名，则无有也。夫所谓唐、虞、夏、商、周、秦、汉、魏、晋、宋、齐、梁、陈、隋、唐、宋、元、明、清者，则皆朝名耳。朝也者，一家之私产也；国也者，人民之公产也，朝有朝之老少，国有国之老少，朝与国既异物，则不能以朝之老少而指为国之老少明矣。文、武、成、康，周朝之少年时代也；幽、厉、桓、赧，则其老年时代也。高、文、景、武，汉朝之少年时代也；元、平、桓、灵，则其老年时代也。自余历朝，莫不有之。凡此者谓为一朝廷之老也则可，谓为一国之老也则不可。一朝廷之老且死，犹一人之老且死也。于吾所谓中国者何与焉？然则吾中国者，前此尚未出现于世界，而今乃始萌芽云尔。天地大矣，前途辽矣，美哉我少年中国乎！

玛志尼者，意大利三杰之魁也，以国事被罪，逃窜异邦，乃创立一会，名曰"少年意大利"，举国志士，云涌雾集以应之。卒乃光复旧物，使意大利为欧洲之一雄邦。夫意大利者，欧洲第一之老大国也。自罗马亡后，土地隶于教皇，政权归于奥国，殆所谓老而濒于死者矣，而得一玛志尼，且能举全国而少年之，况我中国之实为少年时代耶！堂堂国百余州之国土，凛凛四百余兆之国民，岂遂无一玛志尼其人者？

龚自珍氏之集有诗一章，题曰《能令公少年行》。吾尝爱读之，而有味乎其用意之所存，我国民而自谓其国之老大也，斯果老大矣；我国民而自知其国之少年也，斯乃少年矣。西谚有之曰："有三岁之翁，有百岁之童。"然则国之老少，又无定形，而实随国民之心力以为消长者也。吾见乎玛志尼之能令国少年也，吾又见乎我国之官吏士民能令国老大也，吾为此惧。夫以如此壮丽浓郁、翩翩绝世之少年中国，而使欧西、日本人谓我为老大者，何也？则以握国权者皆老朽之人也。非哦几十年八股，非写几十年白折，非当几十年差，非捱几十年俸，非递几十年手本，非唱几十年诺，非磕几十年头，非请几十年安，则必不能得一官，进一职。其内任卿贰以上、外任监司以上者，百人之中，其五官不备者，殆九十六七人也，非眼盲，则耳聋，非手颤，则足跛，否则半身不遂也。彼其一身饮食、步履、视听、言语，尚且不能自了，须三四人在左右扶之捉之，乃能度日，于此而乃欲责之以国事，是何异立无数木偶而使之治天下也！且彼辈者，自其少壮之时，既已不知道亚细、欧罗为何处地方，汉祖、唐宗是哪朝皇帝，犹嫌其顽钝腐败之未臻其极，又必搓磨之、陶冶之，待其脑髓已涸，血管已塞，气息奄奄，与鬼为邻之时，然后将我二万里山河，四万万人命，一举而界于其手。呜呼！老大帝国，诚哉其老大也！而彼辈者，积其数十年之八股、白折、当差、捱俸、手本、唱诺、磕头、请安，千辛万苦，千苦万辛，乃始得此红顶花翎之服色，中堂大人之名号，乃出其他副精神，竭其毕生力量，以保持之。如彼乞儿，拾金一锭，虽轰雷盘旋其顶上，而两手犹紧抱其荷包，他事非所顾也，非所知也，非所闻也。于此而告之以亡国也，瓜分也，彼乌从而听之？乌从而信之？即使果亡矣，果分矣，而吾今年既七十矣八十矣，但求其一两年内，洋人不来，强盗不起，我已快活过一世矣。若不得已，则割三头两省之土地奉申贺敬，以换我几个衙门；卖三几百万之人民作仆为奴，以赎我一条老命，有何不可？有何难办？

呜呼！今之所谓老后、老臣、老将、老吏者，其修身、齐家、治国、平天下之手段，皆其于是矣。西风一夜催人老，凋尽朱颜白尽头。使走无常当医生，携催命符以祝寿。嗟乎痛哉？以此为国，是安得不老且死？且吾恐其未及岁而殇也。

梁启超曰：造成今日之老大中国者，则中国老朽之冤业也；制出将来之少年中国者，则中国少年之责任也。彼老朽者何足道，彼与此世界作别之日不远矣，而我少年乃新来而与世界为缘。如傫屋者然，彼明日将迁居他方，而我今日始入此室处，将迁居者，不爱护其窗栊，不洁治其庭庑，俗人恒情，亦何足怪？若我少年者前程浩浩，后顾茫茫，中国而为牛、为马、为奴、为隶，则烹脔鞭箠之惨酷，惟我少年当之；中国如称霸宇内、主盟地球，则指挥顾盼之尊荣，惟我少年享之，于彼气息奄奄，与鬼为邻者何与焉？彼而漠然置之，我可言也；我而漠然置之，不可言也。使举国之少年而果为少年也。则吾中国为未来之国，其进步未可量也；使举国之少年而亦为老大也，则吾中国为过去之国，其澌亡可翘足而待也。故今日之责任，不在他人，而全在我少年。少年智则国智，少年富则国富，少年强则国强，少年独立则国独立，少年自由则国自由，少年进步则国进步，少年胜于欧洲，则国胜于欧洲，少年雄于地球，则国雄于地球。红日初升，其道大光；河出伏流，一泻汪洋；潜龙腾渊，鳞爪飞扬；乳虎啸谷，百兽震惶；鹰隼试翼，风尘吸张；奇花初胎，矞矞皇皇；干将发硎，有作其芒；天戴其苍，地履其黄；纵有千古，横有八荒；前途似海，来日方长。美哉我少年中国，与天不老！壮哉我中国少年，与国无疆！

"三十功名尘与土，八千里路云和月。莫等闲，白了少年头，空悲切！"此岳武穆《满江红》词句也。作者自六岁时即口受记忆，至今喜诵之不衰。自今以往，弃"哀时客"之名，更自名曰"少年中国之少年"。作者附识。

作者简介

梁启超（1873—1929），中国近代思想家、政治家、教育家、史学家、文学家，号任公，又号饮冰室主人、饮冰子等。曾倡导文体改良的"诗界革命"和"小说界革命"。

2. 中国人的精神 [1]（节选）/ 辜鸿铭

> 在真正的中国式的人之中，你能发现一种温和平静、庄重老成的神态，正如你在一块冶炼适度的金属制品中所能看到的那样。

首先，请允许我对今天下午所讨论的主题做一点解释。我所说的"中国人的精神"，并不仅仅是指中国人的性格或特征。关于中国人的特征，已经有许多人做过描述。但是，诸位一定会同意我这样一个看法：迄今为止，尚未有人能够勾画出中国人内在特质的整体面貌。此外，当我们谈及中国人的性格或特征时，也很难给予简单的概括和归纳。因为众所周知，中国北方人的性格是与南方人不同的，正如德国人不同于意大利人一样。

我所指的中国人的精神，是中国人赖以生存之物，是本民族固有的心态、性情和情操。这种民族精神使之有别于其他任何民族，特别是有别于现代的欧美人。将我们的论题定为中国式的人

---

① 该文曾于 1914 年 6 月发表在英文报纸《中国评论》上，在美国留学的胡适看到此文，并在日记中略有评论，本篇译本选自海南出版社 1996 年版《辜鸿铭文集》。

（Chinese type of humanity），或简明扼要地称之为"真正的中国人"，这样或许能更准确地表达我所说的含义。

那么，何为真正的中国人？我相信诸位一定会同意这是个很有意思的问题。特别是目前我们已经看到，典型的中国人——真正的中国人正在消亡，取而代之的是一种新的类型的中国人——进步了的或者说是现代的中国人。事实上在我看来，往日那种典型的中国人在世界各地正趋于消亡。所以，我们应该认真地考虑。看看究竟是何物使真正的中国人本质地区别于其他民族，并且区别于正在形成的新型中国人。

首先，我想诸位感触最深的，一定是在旧式的典型的中国人身上，没有丝毫的蛮横、粗野或残暴。借用一个动物学的术语来说，我们或许可以将真正的中国人称之为被驯化了的动物。我认为一位最下层的中国人与一个同阶层的欧洲人相比，他身上的动物性（德国人所说的蛮性）也要少得多。事实上在我看来，用一个词可以把典型的中国人所给你们留下的印象归纳出来，这就是"温良"（gentle）[①]。我所谓的温良，绝不意味着懦弱或是软弱的服从。正如已故麦嘉温博士所言：中国人的温良，不是精神颓废的、被阉割的驯良。这种温良意味着没有冷酷、过激、粗野和暴力，即没有任何使诸位感到不快的东西。在真正的中国式的人之中，你能发现一种温和平静、庄重老成的神态，正如你在一块冶炼适度的金属制品中所能看到的那样。尽管真正的中国人在物质和精神上有这样那样的不足，但其不足都受到了温良之性的消弭和补救。真正的中国人或不免于粗鲁，但不至于粗俗下流；或不免于难看，但不至于丑陋骇人；或不免于粗率鄙陋，但不至于放肆狂妄；或

大师的国民理想

---

① 温文尔雅之意。

不免于迟钝，但不至于愚蠢可笑；或不免于圆滑乖巧，但不至于邪恶害人。实际上，我想说的是，就其身心品行的缺点和瑕疵而言，真正的中国人没有使你感到厌恶的东西。在中国旧式学校里，你很难找到一个完全令你讨厌的人，即使在社会最下层亦然。

我曾提到典型的中国人给诸位留下的总体印象是温良，是他那种难以言表的温良。当你分析一下这种温良的特性时，就会发现，这种温良乃是同情与智能（intelligence）这两样东西相结合的产物。我曾把典型的中国人比作已被驯化的动物，那么是什么使得驯化的动物如此不同于野生动物的呢？我们都承认驯化的动物已经具有某些人的属性。但是人与动物的区别何在？就在于智能。一个驯化的动物的智能不是一种思考的智能，它不是由推理而来，也不是来源于它的本能——就像狐狸那种狡猾的本能、知道在何处可以找到美味的小鸡。来源于本能的智能不仅狐狸，甚至所有的动物都有。但我们所说的驯化的动物所具有的某些人类的智能，与狐狸或其他任何动物的智能是完全不同的。它既不源于推理，也不生自本能，而是起自人类的同情心和一种依恋之情。一匹纯种的阿拉伯骏马之所以能够明白其英国主人的意图，既不是因为它学过英语语法，也不是因为它对英语有本能的反应，而是因为它热爱并依恋它的主人。这就是我所说的区别于狐狸或其他动物的、人类的智能。人的这种智能使其有别于动物。同样，我认为正是这种同情的智能造就了中国式的人之类型。从而形成了真正的中国人那难以言表的温良。

我曾听一位外国友人这样说过：作为外国人，在日本居住的时间越长，就越发讨厌日本人。相反，在中国居住的时间越长，就越发喜欢中国人，这位外国友人曾久居日本和中国。我不知道这样评价日本人是否合适，但我相信在中国生活过的诸位都会同意上述对中国人的判断。一个外国人在中国居住得越久，就越喜欢中国人，这已是众所周知的事实。中国人身上有种难以形容的东西。尽管他们缺乏卫生习惯，生活不甚讲究；尽管他们的思想与性格有许多缺点，但仍然赢得了外国人的喜爱，而这种喜爱是其他任何民族所无法得到的。我已经把这种难以形容的东西概括为温良。如果我不为这种温良正名的话，那么在外国人的心中它就可能被误认成中国人体质和道德上的缺陷——温顺和懦弱。这里再次提到的温良，就是我曾给诸位展示过的源于同情心，或真正的人类的智能的温良——既不是源于推理也非产自本能，而是源于同情心——来源于同情的力量。那么，中国人又是何以具备了这种同情的力量的呢？

大师的国民理想

我在这里将冒昧地给诸位一个解答——或者说是一个假设。诸位愿意的话，也许可以将其视为中国人具有同情力量的秘密所在。中国人之所以有这种力量、这种强大的同情的力量，是因为他们完全地或几乎完全地过着一种心灵的生活。中国人的全部生活是一种情感的生活——这种情感既不来源于感官直觉意义上的那种情感，也不是来源于你们所说的神经系统奔流的情欲那种意义上的情感，而是一种产生于我们人性的深处——心灵的激情或人类之爱那种意义上的情感。实际上，正是由于真正的中国人太过注重心灵或情感的生活，以至于可以说他有时是过多地忽视了生活在这个由肉体和灵魂组成的世界上，人所应该的甚至是一些必不可少的需要，中国人之所以对缺乏优美和不甚清洁的生活环境毫不在意，其原因正在于此。这是唯一正确的解释。当然这是题外话。

中国人具有同情的力量——因为他们完全过一种心灵的生活——一种情感的生活。我在这里举两个例子对此加以证明。我的第一个例子是这样的：在坐的诸位或许有人知道我在武昌的一位好朋友和同僚，曾任外务部尚书的梁敦彦。梁先生告诉我，当他首次被任命为汉口道台时，他心中充满了希望，并且发誓要努力奋斗成为一个达官贵人、穿华贵的官服。他得到这个职务时非常快乐，但这并不是因为他多么看重顶戴花翎，也不是因为他从此可以发财，那时我们在武昌都很穷，他快乐的原因是因为他的升迁能够使广东的母亲感到欣慰和欢喜。这就是我所说的中国人所过的心灵的生活——一种情感的生活、一种人类之爱的生活。

另一个例子是在海关的苏格兰朋友告诉我的。他说他曾经有过一个中国仆人，那是一个十足的流氓，不但说谎、贪财占便宜，而且还经常去赌博。但当我的这位朋友在一个偏僻的口岸染上风寒，且身边无一个朋友能照料他时，他的仆人、那个十足的流氓却来精心地侍候他，使他获得了从最好的朋友、最亲的亲属那里都无法得到的照顾。我记得《圣经》中一位妇女曾说过："宽恕他们吧，因为他们的爱是那样的深。"我想这句话不仅适用于那位中国仆人，而且适用于一般的中国人，在中国生活的外国人耳闻目睹了中国人在习惯和性格上的缺陷与不足，但仍然乐意与中国人相处，就是因为中国人有着一颗爱心。也就是我曾说过的，他们过着一种心灵的生活，一种情感的或人类之爱的生活。

现在我们已经掌握了解开中国人同情心之谜的线索——同情的力量给予真正的中国人以同情感和人类的智慧，造就了他那难以言表的温良。下面让我们顺着这个线索和前提进行检验，看看中国人是否过着一种心灵的生活。对此，我们不仅可以用前面曾举过的例子来加以证明，而且还可以用中国人的实际生活中表现出来的一般特征，来加以说明。

首先，我们来谈谈中国的语言。因为中国人过着一种心灵的生活，所以，我说中国的语言也就是一种心灵的语言。一个很明显的事实就是：那些生活在中国的外国人，其儿童和未受教育者学习中文比成年人和受过教育者要容易得多，原因就在于儿童和未受教育者是用心灵来思考和使用语言的。相反，受过教育者，特别是受过理性教育的现代欧洲人，他们是用大脑和智力来思考和使用语言的。事实上，外国的知识分子之所以感到中国的语言如此难学，正是因为他们受过太多的教育，受到过多的理性与科学的熏陶。有一种关于极乐世界的说法也同样适用于对中国语言的学习："除非你变成一个孩子，否则你就难以学会它。"

　　其次，我们再指出一个众所周知的、中国人日常生活中的事实。中国人具有惊人的记忆力。其秘密何在？就在于中国人是用心而非脑去记忆。用具有同情力量的心灵记事，能够起到很好的作用，用它记事比用头脑或智力要好得多，后者是枯燥乏味的。举例来说，我们当中的绝大多数人童年的记忆要强过成年后的记忆。因为儿童就像中国人一样，是用心而非用脑去记忆。

　　接下来的例子，依旧是体现中国人日常生活中，并得到大家承认的一个事实——中国人的礼貌。中国一向被视为礼仪之邦，那么其礼貌的本质是什么呢？这就是体谅、照顾他人的感情。中国人有礼貌是因为他们过着一种心灵的生活。他们完全了解自己的这份情感，很容易将心比心推己及人，显示出体谅、照顾他人情感的特性。中国人的礼貌虽然不像日本人的那样繁杂，但它是令人愉快的。正如法语所绝妙表达的，它是 la politesse du coeur，一种心灵的礼貌。相反，日本人的礼貌则是繁杂而令人不快的。对此，我已经听到了一些外国人的抱怨。这种礼貌或许应该被称为排练式的礼貌——如剧院排戏一样，需要死记硬背。它不是发自内心、出于自然的礼貌。事实上，日本人的礼貌是一朵没有芳香的花，而真正的中国人的礼貌则是发自内心、充满了一种类似于名贵香水般——instar unguenti fragrantis①——奇异的芬芳。

我们举的关于中国人特性的最后一例，是其缺乏精确的习惯。这是由阿瑟·史密斯提出并使之得以扬名的一个观点。那么，中国人缺少精确性的原因又何在呢？我说依然是因为他们过着一种心灵的生活，心灵是纤细而敏感的，它不像头脑或智力那样僵硬、刻板，你不能指望心也像头脑或智力一样，去思考那些死板、精确的东西。至少那样做是极为困难的。实际上，中国的毛笔或许可以被视为中国人精神的象征，用毛笔书写绘画非常困难，好像也难以精确，但是一旦掌握了它，你就能够得心应手，创造出美妙优雅的书画来，而用西方坚硬的钢笔是无法获得这种效果的。

以上有关中国人生活的几个简单的例子，是任何人，甚至是对中国人一无所知的人也能观察到并认同和理解的，通过这些例子，我已经充分证明了这样一个假设：中国人过着一种心灵的生活。

正是因为中国人过着一种心灵的生活、一种像孩子一样的生活，所以使得他们在许多方面还显得那样幼稚。这是一个很明显的事实，即作为一个有着那么悠久历史的伟大民族，中国人竟然在许多方面至今仍表现得那样幼稚，这使得一些浅薄的在中国的外国留学生认为中国人民未能使文明得到任何发展，中国文明是一个停滞的文明。必须承认，就中国人的智力发展而言，在一定程度上被人为地限制了。众所周知，在有些领域中国人只取得很少甚至根本没有什么进步。这不仅有自然方面的，也有纯粹抽象科学方面的，诸如数学、逻辑学、形而上学。实际上欧洲语言中"科学"与"逻辑"二字，是无法在中文里找到完全对等的词加以表达。

① 这个词的意思与前是重复的，即"像香膏似的"。

像孩童一样过着心灵生活的中国人，对抽象的科学没有丝毫兴趣，因为在这方面心灵与情感无计可施。事实上，每一件无须心灵与情感参与的事，诸如统计表一类的工作，都会引起中国人的反感。如果说统计图表和抽象科学只是引起了中国人的反感，那么欧洲人现在所从事的所谓科学研究、那种为了证明一种科学理论而不惜去摧残、肢解生物的所谓科学，则使中国人感到恐怖，并遭到了他们的抵制。

我承认单就中国人的智力发展而言，是在一定程度上受到人为的限制。今天的中国人仍然过着孩童的生活、心灵的生活。就此而言，中华民族这一古老的民族，在目前仍是一个带有幼稚之相的民族。但有一点诸位务必牢记，这个幼稚的民族，虽然过着一种心灵的生活，虽然在许多方面尚显幼稚，但它却有着一种思想和理性的力量，而这是一般处于初级阶段的民族所不具备的，这种思想和理性的力量，使得中国人成功地解决了社会生活、政府以及文明中许多复杂而困难的问题，我敢断言，无论是古代还是现代的欧洲民族，都未能取得像中国人这样辉煌的成绩，他们不仅将亚洲大陆上的大部分人口置于一个庞大帝国的统治之下，而且维持了它的和平。

实际上，我在这里要指出的是：中国人最美妙的特质并非他们过着一种心灵的生活。所有处于初级阶段的民族都过着一种心灵的生活。正如我们大家都知道的一样，欧洲中世纪的基督教也同样都过着一种心灵的生活。马太·阿诺德就说过："中世纪的基督教诗人是靠心灵和想象来生活的。"中国人最优秀的特质是当他们过着心灵的生活、像孩童一样生活时，却同时具有为中世纪基督徒或其他任何处于初级阶段的民族所没有的思想与理性的力量。换句话说，中国人最美妙的特质是：作为一个有着悠久历史的民族，它既有着成年人的智慧，又能够过着孩子般的生活——一种心灵的生活。

因此，我们与其说中国人的发展受到了阻碍，不如说它是一个永不衰老的民族。简言之，作为一个民族，中国人最美妙的特质就在于他们拥有了永葆青春的秘密。

……

在我结束演讲之前，我想给诸位一个忠告。我要告诫诸位，当你们思考我所试图解释的中国人的精神这一问题时，你们应该记住，它不是科学、哲学、神学或任何一种"主义"，诸如勃拉瓦茨基夫人[①]或贝赞特夫人[②]的理论或"主义"。中国人的精神甚至也不是你们所说的大脑活动的产物。我要告诉你们，中国人的精神是一种心灵状态、一种灵魂趋向，你无法像学习速记或世界语那样去把握它——简而言之，它是一种心境，或用诗的语句来说，一种恬静如沐天恩的心境。

最后，请允许我在这里引用几句最具中国味道的英国诗人、华兹华斯（Wordsworth）的诗句，它在描述中国人精神中恬静、如沐天恩的心境方面，比我已经说过的或所能说的都要贴切。这几行诗句所展示给你们的是中国人之类型那心灵与理性的绝妙结合，是那种恬静、如沐天恩的心境赋予真正的中国人的难以言状

---

① 勃拉瓦茨基夫人（E.P.Blavatsky.1831—1891）：俄国人。1875年11月17日在纽约创立了接神论协会。1877年发表了《司殖女神的真面目》，其中包括关于人类和宗教发展的惊人理论。它立即引起了广泛的注意和评论。1891年，她在世界各地已拥有近十万信徒。同年5月8日，她死的日子被信徒定义为白莲节。

② 贝赞特夫人（Annie Besant.1847—1933）：英国接神论者。曾经是一个热诚的自由思想者，后来思想日渐趋向于社会主义。1889年，她又突然加入了接神论协会，变成勃拉瓦茨基夫人的忠实信徒，完全地投身于印度的事业。1907年当选为接神论协会主席，又创立了印度自治联盟。1916年任该联盟主席。1917年，她还当选为印度国大党的主席。

的温良。华兹华斯在他关于廷腾（Tintern）修道院的那首诗中写道：

> 我同样深信，是这些自然景物
> 给了我一份更其崇高的厚礼——
> 一种欣幸的、如沐天恩的心境；
> 在此心境里，人生之谜的重负，
> 幽晦难明的世界的如磐重压，
> 都趋于轻缓；在此安恬心境里，
> 慈爱与温情为我们循循引路——
> 直到这皮囊仿佛中止了呼吸，
> 周身的血液仿佛不再流转，
> 躯壳已昏昏入睡，我们成了
> 翩跹的灵魂；万象的和谐与愉悦
> 以其深厚力量，赋予我们
> 安详静穆的眼光，凭此，才得以
> 洞察物象的生命。

这种能使我们洞悉物象内在生命的安详恬静、如沐天恩的心境（the serene and blessed mood）①，便是富于想象力的理性，便是中国人的精神。

作者简介

辜汤生（1857.07.18—1928.04.30），字鸿铭，号立诚。祖籍福建省惠安县，生于南洋英属马来西亚槟榔屿。他自幼阅读莎士比亚、

---

① 王佐良先生译为："恬静的幸福的心境。"

培根等人的作品，学博中西，号称"清末怪杰"，是清代精通西洋科学、语言兼及东方华学的中国第一人。他翻译了中国"四书"中的三部——《论语》《中庸》和《大学》，创获甚巨，一生致力于弘扬中国传统文化，被欧洲人誉为"东方文化的圣哲"。

3. 少年中国之精神 [1] / 胡适

> "如今我们回来了，你们看便不同了！"这便是少年中国的精神。

前番太炎先生，话里面说现在青年的四种弱点，都是很可使我们反省的，他的意思是要我们少年人：一、不要把事情看得太容易了；二、不要妄想凭借已成的势力；三、不要虚慕文明；四、不要好高骛远。这四条都是消极的忠告。我现在且从积极一方面提出几个观念，和各位同志商酌。

一、少年中国的逻辑　逻辑即是思想、辩论、办事的方法：一般中国人现在最缺乏的就是一种正当的方法；因为方法缺乏，所以有下列几种现象：（一）灵异鬼怪的迷信，如上海的盛德坛及各地的各种迷信；（二）谩骂无理的议论；（三）用诗云子曰作根据的议论；（四）把西洋古人当作无上真理的议论；还有一种平常人不很注意的怪状，我且称他为"目的热"，就是迷信一

---

① 本文为 1919 年 7 月胡适在少年中国学会上的演讲，原载 1919 年《少年中国》第 1 期。

些空虚的大话，认为高尚的目的；全不问这种观念的意义究竟如何；今天有人说："我主张统一和平"，大家齐声喝彩，就请他做内阁总理；明天又有人说："我主张和平统一"，大家又齐声叫好，就举他做大总统；此外还有什么"爱国"呐，"护法"呐，"孔教"呐，"卫道"呐……许多空虚的名词；意义不曾确定，也都有许多人随声附和，认为天经地义，这便是我所说的"目的热"；以上所说各种现象都是缺乏方法的表示。我们既然自认为"少年中国"，不可不有一种新方法；这种新方法，应该是科学的方法；科学方法，不是我在这短促时间里所能详细讨论的，我且略说科学方法的要点：

第一注重事实。科学方法是用事实作起点的，不要问孔子怎么说，柏拉图怎么说，康德怎么说；我们须要先从研究事实下手，凡游历调查统计等事都属于此项。

第二注重假设。单研究事实，算不得科学方法；王阳明对着庭前的竹子做了七天的"格物"功夫，格不出什么道理来，反病倒了，这是笨拙的"格物"方法；科学家最重"假设"（Hypothesis）。观察事物之后，自然有几个假定的意思；我们应该把每一个假设所含的意义彻底想出，看那意义是否可以解释所观察的事实？是否可以解决所遇的疑难？所以要博学；正是因为博学方才可以有许多假设，学问只是供给我们种种假设的来源。

第三注重证实。许多假设之中，我们挑出一个，认为最合用的假设；但是这个假设是否真正合用？必须实地证明；有时候，证实是很容易的；有时候，必须用"试验"方才可以证实；证实了的假设，方可说是"真"的，方才可用；一切古人今人的主张、东哲西哲的学说，若不曾经过这一层证实的功夫，只可作为待证的假设，不配认作真理。

少年的中国，中国的少年，不可不时时刻刻保存这种科学的方法，实验的态度。

二、少年中国的人生观　现在中国有几种人生观都是"少年中国"的仇敌：第一种是醉生梦死的无意识生活，固然不消说了；第二种退缩的人生观，如静坐会的人，如坐禅学佛的人，都只是消极的缩头主义；这些人没有生活的胆子，不敢冒险，只求平安，所以变成一班退缩懦夫；第三种是野心的投机主义，这种人虽不退缩，但为完全自己的私利起见，所以他们不惜利用他人，作他们自己的器具，不惜牺牲别人的人格和自己的人格，来满足自己的野心；到了紧要关头，不惜作伪，不惜作恶，不顾社会的公共幸福，以求达他们自己的目的；这三种人生观都是我们该反对的。少年中国的人生观，依我个人看来，该有下列的几种要素：

第一须有批评的精神。一切习惯、风俗、制度的改良，都起于一点批评的眼光；个人的行为和社会的习俗，都最容易陷入机械的习惯，到了"机械的习惯"的时代，样样事都不知不觉的做去，全不理会何以要这样做，只晓得人家都这样做故我也这样做；这样的个人便成了无意识的两脚机器，这样的社会便成了无生气的守旧社会，我们如果发愿要造成少年的中国，第一步便须有一种批评的精神；批评的精神不是别的，就是随时随地都要问我为什么要这样做？为什么不那样做？

第二须有冒险进取的精神。我们须要认定这个世界是很多危险的，定不太平的，是需要冒险的；世界的缺点很多，是要我们来补救的；世界的痛苦很多，是要我们来减少的；世界的危险很多，是要我们来冒险进取的，俗语说得好："成人不自在，自在不成人。"我们要做一个人，岂可贪图自在；我们要想造一个"少年的中国"，岂可不冒险；这个世界是给我们活动的大舞台，我们既上了台，便应该老着面皮，拼着头皮，大着胆子，干将起来；那些缩进后台去静坐的人都是懦夫，那些袖着双手只会看戏的人，也都是懦夫；这个世界岂是给我们静坐旁视的吗？那些厌恶这个世界梦想超生别的世界的人，更是懦夫，不用说了。

　　第三须要有社会协进的观念。上条所说的冒险进取，并不是野心的，自私自利的；我们既认定这个世界是给我们活动的，又须认定人类的生活全是社会的生活，社会是有机的组织，全体影响个人，个人影响全体，社会的活动是互助的，你靠他帮忙，他靠你帮忙，我又靠你同他帮忙，你同他又靠我帮忙；你少说了一句话，我或者不是我现在的样子，我多尽了一份力，你或者也不是你现在这个样子，我和你多尽了一份力，或少做了一点事，社会的全体也许不是现在这个样子，这便是社会协进的观念。有这个观念，我们自然把人人都看作同力合作的伴侣，自然会尊重人人的人格了；有这个观念，我们自然觉得我们的一举一动都和社会有关，自然不肯为社会造恶因，自然要努力为社会种善果，自然不致变成自私自利的野心投机家了。

　　少年的中国，中国的少年，不可不时时刻刻保存这种批评的、冒险进取的、社会的人生观。

　　三、少年中国的精神　少年中国的精神并不是别的，就是上文所说的逻辑和人生观；我且说一件故事做我这番谈话的结论：诸君读过英国史的，一定知道英国前世纪有一种宗教革新的运动，历史上称为"牛津运动"（The Oxford Movement），这种运动的几个领袖如客白尔（Keble）、纽曼（Newman）、福鲁德（Froude）诸人，痛恨英国国教的腐败，想大大的改革一番；这个运动未起事之先，这几位领袖做了一些宗教性的诗歌写在一个册子上，纽曼摘了一句荷马的诗题在册子上，那句诗是 You shall see the difference now that we are back again！译出来即是"如今我们回来了，你们看便不同了！"

少年的中国，中国的少年，我们也该时时刻刻记住这句话：

如今我们回来了，你们看便不同了！

这便是少年中国的精神。

作者简介

胡适（1891—1962），汉族，徽州绩溪人。原名嗣穈，昵称穈儿，学名洪骍，字希疆，后改名胡适，字适之，笔名天风、藏晖等。现代著名学者、诗人、历史学家、文学家、哲学家。

4. 无声的中国 [1] / 鲁迅

> 青年们先可以将中国变成一个有声的中国。大胆地说话，勇敢地进行，忘掉了一切利害，推开了古人，将自己的真心话发表出来。

以我这样没有什么可听的无聊的讲演，又在这样大雨的时候，竟还有这许多来听的诸君，我首先应当声明我的郑重的感谢。

我现在所讲的题目是：《无声的中国》。

现在，浙江，陕西，都在打仗，那里的人民哭着呢还是笑着呢，我们不知道。香港似乎很太平，住在这里的中国人，舒服呢还是不舒服呢，别人也不知道。

发表自己的思想、感情给大家知道的是要用文章的，然而拿文章来达意，现在一般的中国人还做不到。这也怪不得我们；因为那文字，先就是我们的祖先留传给我们的可怕的遗产。人们费了多年的工夫，还是难于运用。因为难，许多人便不理它了，甚

---

① 刊载于香港某报纸，1927 年 3 月 23 日汉口《中央日报》副刊转载。

至于连自己的姓也写不清是张还是章，或者简直不会写，或者说道：Chang。虽然能说话，而只有几个人听到，远处的人们便不知道，结果也等于无声。又因为难，有些人便当作宝贝，像玩把戏似的，之乎者也，只有几个人懂——其实是不知道可真懂，而大多数的人们却不懂得，结果也等于无声。

文明人和野蛮人的区别，其一，是文明人有文字，能够把他们的思想、感情，借此传给大众，传给将来。中国虽然有文字，现在却已经和大家不相干，用的是难懂的古文，讲的是陈旧的古意思，所有的声音，都是过去的，都就是只等于零的。所以，大家不能互相了解，正像一大盘散沙。

将文章当作古董，以不能使人认识，使人懂得为好，也许是有趣的事吧。但是，结果怎样呢？是我们已经不能将我们想说的话说出来。我们受了损害，受了侮辱，总是不能说出些应说的话。拿最近的事情来说，如中日战争，拳匪事件，民元革命这些大事件，一直到现在，我们可有一部像样的著作？民国以来，也还是谁也不作声。反而在外国，倒常有说起中国的，但那都不是中国人自己的声音，是别人的声音。

这些不能说话的毛病，在明朝是还没有这样厉害的；他们还比较地能够说些要说的话。待到满洲人以异族侵入中国，讲历史的，尤其讲宋末的事情的人被杀害了，讲时事的自然也被杀害了。所以，到乾隆年间，人民大家便更不敢用文章来说话了。所谓读书人，便只好躲起来读经，校刊古书，做些古时的文章，和当时毫无关系的文章。有些新意，也还是不行的；不是学韩，便是学苏。韩愈苏轼他们，用他们自己的文章来说当时要说的话，那当然可以的。我们却并非唐宋时人，怎么做和我们毫无关系的时候的文章呢。即使做得像，也是唐宋时代的声音，韩愈苏轼的声音，而不是我们现代的声音。然而直到现在，中国人却还耍着这样的旧戏法。人是有的，没有声音，寂寞得很。

——人会没有声音的么？没有，可以说：是死了。倘要说得客气一点，那就是：已经哑了。

要恢复这多年无声的中国，是不容易的，正如命令一个死掉的人道："你活过来！"我虽然并不懂得宗教，但我以为正如想出现一个宗教上之所谓"奇迹"一样。

首先来尝试这工作的是"五四运动"前一年，胡适之先生所提倡的"文学革命"。"革命"这两个字，在这里不知道可害怕，有些地方是一听到就害怕的。但这和文学两个字连起来的"革命"，却没有法国革命的"革命"那么可怕，不过是革新，改换一个字，就很平和了，我们就称为"文学革命"吧。中国文字上，这样的花样是很多的。那大意也并不可怕，不过说：我们不必再去费尽心机，学说古代死人的话，要说现代的活人的话；不要将文章看作古董，要做容易懂得的白话的文章。然而，单是文学革新是不够的，因为腐败思想，能用古文做，也能用白话做。所以后来就有人提倡思想革新。思想革新的结果，是发生社会革新运动。这运动一发生，自然一面就发生反动，于是便酿成战斗……

但是，在中国，刚刚提起文学革新，就有反动了。不过白话文却渐渐风行起来，不大受阻碍。这是怎么一回事呢？就因为当时又有钱玄同先生提倡废止汉字，用罗马字母来替代。这本也不过是一种文字革新，很平常的，但被不喜欢改革的中国人听见，就大不得了了，于是便放过了比较平和的文学革命，而竭力来骂钱玄同。白话乘了这一个机会，居然减去了许多敌人，反而没有阻碍，能够流行了。

中国人的性情是总喜欢调和，折中的。譬如你说，这屋子太暗，须在这里开一个窗，大家一定不允许的。但如果你主张拆掉屋顶，他们就会来调和，愿意开窗了。没有更激烈的主张，他们总连平和的改革也不肯行。那时白话文之得以通行，就因为有废掉中国字而用罗马字母的议论的缘故。

其实，文言和白话的优劣的讨论，本该早已过去了，但中国是总不肯早早解决的，到现在还有许多无谓的议论。例如，有的说：古文各省人都能懂，白话就各处不同，反而不能互相了解了。殊不知只要教育普及和交通发达就好，那时就人人都能懂较为易解的白话文；至于古文，何尝各省人都能懂，便是一省里，也没有许多人懂得的。有的说：如果都用白话文，人们便不能看古书，中国的文化就灭亡了。其实呢，现在的人们大可以不必看古书，即使古书里真有好东西，也可以用白话来译出的，用不着那么心惊胆战。他们又有人说，外国尚且译中国书，足见其好，我们自己倒不看吗？殊不知埃及的古书，外国人也译，非洲黑人的神话，外国人也译，他们别有用意，即使译出，也算不了怎样光荣的事的。

近来还有一种说法，是思想革新紧要，文字改革倒在其次，所以不如用浅显的文言来做思想的文章，可以少招一重反对。这话似乎也有理。然而我们知道，连他长指甲都不肯剪去的人，是决不肯剪去他的辫子的。

因为我们说着古代的话，说着大家不明白，不听见的话，已经弄得像一盘散沙，痛痒不相关了。我们要活过来，首先就须由青年们不再说孔子孟子和韩愈柳宗元们的话。时代不同，情形也两样，孔子时代的香港不这样，孔子强调的"香港论"是无从做起的，"吁嗟阔哉香港也"，不过是笑话。

我们要说现代的，自己的话；用活着的白话，将自己的思想，感情直白地说出来。但是，这也要受前辈先生非笑的。他们说白话文卑鄙，没有价值，他们说年青人作品幼稚，贻笑大方。我们中国能做文言的有多少呢，其余的都只能说白话，难道这许多中国人，就都是卑鄙，没有价值的吗？至于幼稚，尤其没有什么可羞，正如孩子对于老人，毫没有什么可羞一样。幼稚是会生长，会成熟的，只不要衰老、腐败就好。倘说待到纯熟了才可以动手，那是虽是村妇也不至于这样蠢。她的孩学走路，即使跌倒了，她决不至于叫孩子从此躺在床上，待到学会了走法再下地面来的。

青年们先可以将中国变成一个有声的中国。大胆地说话，勇敢地进行，忘掉了一切利害，推开了古人，将自己的真心话发表出来。真，自然是不容易的。譬如态度，就不容易真。讲演时候就不是我的真态度，因为我对朋友，孩子说话时候的态度是不这样的。但总可以说些较真的话，发些较真的声音。只有真的声音，才能感动中国的人和世界的人；必须有了真的声音，才能和世界的人同在世界上生活。

我们试想现在没有声音的民族是那几种民族。我们可听到埃及人的声音？可听到安南，朝鲜的声音？印度除了泰戈尔，别的声音可还有？

我们此后实在只有两条路：一是抱着古文而死掉，一是舍掉古文而生存。

作者简介

鲁迅（1881—1936），无产阶级文学家、思想家、革命家。原名周樟寿，后改名周树人。字豫亭，后改为豫才，浙江绍兴人，是20世纪中国的主要作家，是中国现代小说、白话小说和近代文学的奠基人之一，是新文化运动的领导人、左翼文化运动的支持者之一。

5. 信心与反省 [①] / 胡适

> 可靠的民族信心，必须建筑在一个坚固的基础之上，祖宗的光荣自是祖宗之光荣，不能救我们的痛苦羞辱。

这一期（《独立》一零三期）里有寿生先生的一篇文章，题为"我们要有信心"。在这文里，他提出一个大问题：中华民族真不行吗？他自己的答案是：我们还是有生存权的。

我很高兴我们的青年在这种恶劣空气里还能保持他们对于国家民族前途的绝大信心。这种信心是一个民族生存的基础，我们当然是完全同情的。

可是我们要补充一点：这种信心本身要建筑在稳固的基础之上，不可站在散沙之上，如果信仰的根据不稳固，一朝根基动摇了，信仰也就完了。

寿生先生不赞成那些旧人"拿什么五千年的古国哟，精神文明哟，地大物博哟，来遮丑"。这是不错的。然而他自己提出的

---

① 本文原载 1934 年《独立评论》（胡适创办）。

民族信心的根据，依我看来，文字上虽然和他们不同，实质上还是和他们同样地站在散沙之上，同样地挡不住风吹雨打。

例如他说：我们今日之改进不如日本之速者，就是因为我们的固有文化太丰富了。富于创造性的人，个性必强，接受性就较缓。

这种思想在实质上和那五千年古国精神文明的迷梦是同样的无稽的夸大。第一，他的原则"富于创造性的人，个性必强，接受性就较缓"，这个大前提就是完全无稽之谈，就是懒惰的中国士大夫捏造出来替自己遮丑的胡说。事实上恰是相反的：凡富于创造性的人必敏于模仿，凡不善模仿的人绝不能创造。创造是一个最误人的名词，其实创造只是模仿到十足时的一点点新花样。古人说得最好："太阳之下，没有新的东西。"一切所谓创造都从模仿出来。我们不要被新名词骗了。新名词的模仿就是旧名词的"学"字："学之为言效也"是一句不磨的老话。例如学琴，必须先模仿琴师弹琴；学画必须先模仿画师作画；就是画自然界的景物，也是模仿。

模仿熟了，就是学会了，工具用得熟了，方法练得细密了，有天才的人自然会"熟能生巧"，这一点功夫到时的奇巧新花样就叫作创造。凡不肯模仿，就是不肯学人的长处。不肯学如何能创造？伽利略（Glileo）听说荷兰有个磨镜匠人做成了一座望远镜，他就依他听说的造法，自己制造了一座望远镜。这就是模仿，也就是创造。

从十七世纪初年到如今，望远镜和显微镜都年年有进步，可是这三百年的进步，步步是模仿，也步步是创造。一切进步都是如此：没有一件创造不是先从模仿下手的。

孔子说得好：三人行，必有我师焉：择其善者而从之，其不善者而改之。

这就是一个圣人的模仿。懒人不肯模仿，所以绝不会创造。一个民族也和个人一样，最肯学人的时代就是那个民族最伟大的时代；等到他不肯学人的时候，他的盛世已过去了，他已走上衰老僵化的时期了，我们中国民族最伟大的时代，正是我们最肯模仿四邻的时代：从汉到唐宋，一切建筑、绘画、雕刻、音乐、宗教、思想、算学、天文、工艺，哪一件里没有模仿外国的重要成分？佛教和它带来的美术建筑，不用说了。从汉朝到今日，我们的历法改革，无一次不是采用外国的新法；最近三百年的历法是完全学西洋的，更不用说了。到了我们不肯学人家的好处的时候，我们的文化也就不进步了。我们到了民族中衰的时代，只有懒劲学印度人的吸食鸦片，却没有精力学满洲人的不缠脚，那就是我们自杀的法门了。

第二，我们不可轻视日本人的模仿。寿生先生也犯了一般人轻视日本的恶习惯，抹杀日本人善于模仿的绝大长处。日本的成功，正可以证明我在上文说的"一切创造都从模仿出来"的原则。寿生说：从唐以至日本明治维新，千数百年间，日本有一件事足为中国取镜者吗？中国的学术思想在她手里去发展改进过吗？我们实无法说有。

这又是无稽的诬告了。三百年前，朱舜水到日本，他居留久了，能了解那个岛国民族的优点，所以他写信给中国的朋友说，日本的政治虽不能上比唐虞，可以说比得上三代盛世。这是一个中国大学者在长期寄居之后下的考语。是值得我们的注意的。日本民族的长处全在他们肯一心一意地学别人的好处。他们学了中国的无数好处，但始终不曾学我们的小脚，八股文，鸦片烟。这不够"为中国取镜"吗？他们学别国的文化，无论在哪一方面，凡是学到家的，都能有创造的贡献。这是必然的道理。浅见的人都说日本的山水人物画是模仿中国的；其实日本画自有它的特点，在人物方面的成绩远胜过中国画，在山水方面也没有走上四王的笨路。在文学方面，他们也有很大的创造。近年已有人赏识日本的小诗了。我且举一个大家不甚留意的例子。文学史家往往说日本的《源氏物语》等作品是模仿中国唐人的小说《游仙窟》等书的。现今《游仙窟》已从日本翻印回中国来了，《源氏物语》也有了英国人卫来先生（Arthur Waley）的五巨册的译本。我们若比较这两部书，就不能不惊叹日本人创造力的伟大。如果"源氏"真是从模仿《游仙窟》出来的，那真是徒弟胜过师傅千万倍了！寿生先生原文里批评日本的工商业，也是中了成见的毒。日本今日工商业的长足发展，虽然也受了生活程度比人低和货币低落的恩惠，但他的根基实在是全靠科学与工商业的进步。今日大阪与兰肯歇的竞争，骨子里还是新式工业与旧式工业的竞争。日本今日自造的纺织器是世界各国公认为最新最良的。今日英国纺织业也不能不购买日本的新机器了。这是从模仿到创造的最好的例子。不然，我们工人的工资比日本更低，货币平常也比日本钱更贱，为什么我们不能"与他国资本家抢商场"呢？我们到了今日，若还要抹煞事实，笑人模仿，而自居于"富于创造性者"的不屑模仿，那真是盲目的夸大狂了。

第三，再看看"我们的固有文化"是不是真的"太丰富了"。寿生和其他夸大本国固有文化的人们，如果真肯平心想想，必然也会明白这句话也是无根的乱谈。这个问题太大，不是这篇短文里所能详细讨论的，我只能指出几个比较重要之点。使人明白我们的固有文化实在是很贫乏的，谈不到"太丰富"的梦话。近代的科学文化，工业文化，我们可以撇开不谈，因为在那些方面，我们的贫乏未免太丢人了。我们且谈谈老远的过去时代吧。我们的周秦时代当然可以和希腊罗马相提并论，然而我们如果平心研究希腊罗马的文学，雕刻，科学，政治，单是这四项就不能不使我们感觉我们的文化的贫乏了。尤其是造形美术与算学的两方面，我们真不能不低头愧汗。我们试想想，《几何原本》的作者欧几里得正和孟子先后同时；在那么早的时代，在两千多年前，我们在科学上早已大落后了！（少年爱国的人何不试拿《墨子》"经上篇"里的三五条几何学界说来比较《几何原本》？）从此以后，我们所有的，欧洲也都有；我们所没有的，人家所独有的，人家都比我们强。试举一个例子：欧洲有三个一千年的大学，有许多个五百年以上的大学，至今继续存在，继续发展，我们有没有？至于我们所独有的宝贝，骈文，律诗，八股，小脚，太监，姨太太，五世同居的大家庭，贞节牌坊，地狱活现的监狱，廷杖，板子夹棍的法庭……虽然"丰富"，虽然"在这世界无不足以单独成一系统"，究竟都是使我们抬不起头来的文物制度。即如寿生先生指出的"那更光辉万丈"的宋明理学，说起来也真正可怜！讲了七八百年的理学，没有一个理学圣贤去指出裹小脚是不人道的野蛮行为，只见大家崇信"饿死事极小，失节事极大"的吃人礼教：请问那万丈光辉究竟照耀到哪里去了？

以上说的，都只是略略指出寿生先生代表的民族信心是建筑在散沙上面，经不起风吹草动，就会倒塌下来的。信心是我们需要的，但无根据的信心是没有力量的。

可靠的民族信心，必须建筑在一个坚固的基础之上，祖宗的光荣自是祖宗之光荣，不能救我们的痛苦羞辱。何况祖宗所建的基业不全是光荣呢？我们要指出：我们的民族信心必须站在"反省"的唯一基础之上。反省就是要闭门思过，要诚心诚意地想，我们祖宗的罪孽深重，我们自己的罪孽深重；要认清了罪孽所在，然后我们可以用全副精力去消灾灭罪。寿生先生引了一句"中国不亡是无天理"的悲叹词句，他也许不知道这句伤心的话是我十三四年前在中央公园后面柏树下对孙伏园先生说的，第二天被他记在《晨报》上，就流传至今。我说出那句话的目的，不是要人消极，是要人反省；不是要人灰心，是要人起信心，发下大弘誓来忏悔；来替祖宗忏悔，替我们自己忏悔；要发愿造新因来替代旧日种下的恶因。

今日的大患在于全国人不知耻。所以不知耻者，只是因为不曾反省。一个国家兵力不如人，被人打败了，被人抢夺了一大块土地去，这不算是最大的耻辱。一个国家在今日还容许整个的省份遍种鸦片烟，一个政府在今日还要依靠鸦片烟的税收——公卖税，吸户税，烟苗税，过境税——来做政府的收入的一部分，这是最大的耻辱。一个现代民族在今日还容许他们的最高官吏公然提倡什么"时轮金刚法会""息灾利民法会"，这是最大的耻辱。一个国家有五千年的历史，而没有一个四十年的大学，甚至于没有一个真正完备的大学，这是最大的耻辱。一个国家能养三百万不能捍卫国家的兵，而至今不肯计划任何区域的国民义务教育，这是最大的耻辱。

真诚的反省自然发生真诚的愧耻。孟子说得好："不耻不若人，何若人有？"真诚的愧耻自然引起向上的努力，要发弘愿努力学人家的好处，铲除自家的罪恶。经过这种反省与忏悔之后，然后可以起新的信心：要信仰我们自己正是拨乱反正的人，这个担子必须我们自己来挑起。三四十年的天足运动已经差不多完全铲除了小脚的风气：从前大脚的女人要装小脚，现在小脚的女人要装大脚。风气转移地这样快，这不够坚定我们的自信心吗？

历史的反省自然使我们明了今日的失败都因为过去的不努力，

同时也可以使我们格外明了"种瓜得瓜，种豆得豆"的因果铁律。铲除过去的罪孽只是割断已往种下的果。我们要收新果，必须努力造新因。祖宗生在过去的时代，他们没有我们今日的新工具，也居然能给我们留下了不少的遗产。"我们今日有了祖宗不曾梦见的种种新工具，当然应该有比祖宗高明千百倍的成绩，才对得起这个新鲜的世界。日本一个小岛国，那么贫瘠的土地，那么少的人民，只因为几十个人的努力，只因为他们肯拼命地学人家，肯拼命地用这个世界的新工具，居然在半个世纪之内一跃而为世界三五大强国之一。这不够鼓舞我们的信心吗？

反省的结果应该使我们明白那五千年的精神文明。那"光辉万丈"的宋明理学，那并不太丰富的固有文化，都是无济于事的银样蜡枪头。我们的前途在我们自己的手里。我们的信心应该望在我们的将来。我们的将来全靠我们下什么种，出多少力。

"播了种一定会有收获，用了力决不至于白费"：这是翁文灏先生要我们有的信心。

6. 中国人失掉自信力了吗 [①] / 鲁迅

> 要论中国人，必须不被搽在表面的自欺欺人的脂粉所诓骗，却看看他的筋骨和脊梁。自信力的有无，状元宰相的文章是不足为据的，要自己去看地底下。

从公开的文字上看起来：两年以前，我们总自夸着"地大物博"，是事实；不久就不再自夸了，只希望着国联，也是事实；现在是既不夸自己，也不信国联，改为一味求神拜佛，怀古伤今了——却也是事实。

于是有人慨叹曰：中国人失掉自信力了。

如果单据这一点现象而论，自信其实是早就失掉了的。先前信"地"，信"物"，后来信"国联"，都没有相信过"自己"。假使这也算一种"信"，那也只能说中国人曾经有过"他信力"，自从对国联失望之后，便把这他信力都失掉了。

失掉了他信力，就会疑，一个转身，也许能够只相信了自己，

---

① 发表于 1934 年 10 月《太白》，署名公汗。

倒是一条新生路，但不幸的是逐渐玄虚起来了。信"地"和"物"，还是切实的东西，国联就渺茫，不过这还可以令人不久就省悟到依赖它的不可靠。一到求神拜佛，可就玄虚之至了，有益或是有害，一时就找不出分明的结果来，它可以令人更长久的麻醉自己。

中国人现在是在发展着"自欺力"。

"自欺"也并非现在新的东西，现在只不过日见其明显，笼罩了一切罢了。然而，在这笼罩之下，我们有并不失掉自信力的中国人在。

我们从古以来，就有埋头苦干的人，有拼命硬干的人，有为民请命的人，有舍身求法的人……虽是等于为帝王将相作家谱的所谓"正史"，也往往掩不住他们的光耀，这就是中国的脊梁。

这一类的人们，就是现在也何尝少呢？他们有确信，不自欺；他们在前仆后继的战斗，不过一面总在被摧残，被抹杀，消灭于黑暗中，不能为大家所知道罢了。说中国人失掉了自信力，用以指一部分人则可，倘若加于全体，那简直是诬蔑。

要论中国人，必须不被搽在表面的自欺欺人的脂粉所诳骗，却看看他的筋骨和脊梁。自信力的有无，状元宰相的文章是不足为据的，要自己去看地底下。

7. 中国人的病^① / 沈从文

> 要有自信心，忍劳耐苦不在乎，对一切事皆有从死里求生的精神，对精神身体两不健康的病人狂人永远取不合作态度。这才是救国家同时救自己的简要药方。

国际上流行一句对中国很不好的批评："中国人极自私。"凡属中国人民一分子，皆分担了这句话的侮辱与损害。办外交，做生意，为这句话也增加了不少麻烦，吃了许多亏！否认这句话需要勇气。因为你个人即或是个不折不扣的君子，且试看看这个国家做官的，办事的，拿笔的，开铺子做生意的，就会明白自私的现象，的确处处可以见到。当政大小官僚情形且格外严重。它的存在原是事实。它是多数中国人一种共通的毛病。但责任主要应归当权的。

一个自私的人注意权利时容易忘却义务，凡事对于他个人有点小小利益，为了攫取这点利益，就把人与人之间应有的那种谦退，

---

① 本文首发于 1935 年 6 月 10 日《水星》。

牺牲，为团体谋幸福，力持正义的精神完全疏忽了。一个自私的人照例是不会爱国的。国家弄得那么糟，同自私大有关系。

国民自私心的扩张，有种种原因，其中极可注意的一点，恐怕还是过去的道德哲学不健全。时代变化了，支持新社会得用一个新思想。若所用的依然是那个旧东西，便得修正它，改造它。

支配中国两千年来的儒家人生哲学，它的理论看起来是建立于"不自私"上面，话皆说得美丽而典雅。主要意思却注重在人民"尊帝王""信天命"，故历来为君临天下帝王的法宝。前世帝王常利用它，新起帝王也利用它。然而这种哲学实在同"人性"容易发生冲突。表面上它仿佛很高尚，实际上它有问题，对人民不公平。它指明做人的许多"义务"，却不大提及他们的"权利"。一切义务仿佛都是必要的，权利则完全出于帝王以及天上神佛的恩惠。中国人读书，就在承认这个法则，接受这种观念。读书人虽很多，谁也就不敢那么想"我如今做了多少事，应当得多少钱？"若当真有人那么想，这人纵不算叛逆，同疯子也只相差一间。再不然，他就是"市侩"了。在一种"帝王神仙""臣仆信士"对立的社会组织下，国民虽容易统治，同时就失去了它的创造性与独立性。平时看不出它的坏处，一到内忧外患逼来，国家政治组织不健全，空洞教训束缚不住人心时，国民道德便自然会堕落起来，亡国以前各人分途努力促成亡国的趋势，亡国以后又老老实实同做新朝的顺民。历史上做国民的既只有义务，以尽义务引起帝王鬼神注意，借此获取天禄人爵。待到那个能够荣辱人类的偶像权威倒下，鬼神迷信又渐归消灭的今日，自我意识初次得到抬头的机会，"不知国家，只顾自己"，岂不是当然的结果？

目前注意这个现象的很有些人。或悲观消极，念佛诵经了此残生。或奋笔挥毫，痛骂国民不知爱国。念佛诵经的不用提，奋笔挥毫的行为，其实又何补于世？不让做国民的感觉"国"是他们自己的，不让他们明白一个"人"活下来有多少权利，不让他们了解爱国也是权利！思想家与统治者，只责备年轻人，困辱年轻人。俨然还希望无饭吃的因为怕雷打就不偷人东西，还以为一本《孝经》就可以治理天下，在上者那么糊涂，国家从哪里可望好起？

事实上国民毛病在用旧观念不能应付新世界，因此一团糟。目前最需要的，还是应当从政治、经济、教育、文学各方面共同努力，用一种新方法造成一种新国民所必需的新观念。使人人乐于为国家尽义务，且使每人皆可以有机会得到一个"人"的各种权利。要求"人权"并不是什么坏事情，它实在是一切现代文明的种子。一个国家多数国民能自由思索，自由研究，自由创造，自然比一个国家多数国民蠢如鹿豕，愚妄迷信，毫无知识，靠君王恩赏神佛保佑过日子有用多了。

自私原有许多种。有贪赃纳贿不能忠于职务的，有爱小便宜的，有懒惰的，有做汉奸因缘为利，贩卖仇货企图发财的。这皆显而易见。如今还有一种"读书人"，保有一个邻于愚昧与偏执的感情，徒然迷信过去，美其名为"爱国"；煽扬迷信，美其名为"复古"。国事之不可为，虽明明白白为近四十年来社会变动的当然结果，这种人却卸责于白话文，以为学校中一读经书，即可安内攘外；或委罪于年轻人的头发帽子，以为能干涉他们这些细小事情就可望天下太平。这种人在情绪思想方面，始终还不脱离封建遗老秀才的基本打算，他们却很容易使地方当权执政者，误认他们的捧场是爱国行为，利用这种老年人的种种计策来困辱青年人。这种读书人俨然害神经错乱症，比起一切自私者还危险。这种少数人的病比多数人的病更值得注意。真的爱国救国不是"盲目复古"，而是"善于学新"。目前所需要的国民，已不是搬大砖筑长城那种国民，却是知独立自尊，懂拼命学好也会拼命学好的国民。有这种国民，国家方能存在，缺少这种国民，国家绝不能侥幸存在。俗话说："要得好，须学好。"在工业技术方面，我们皆明白学祖宗不如学邻舍，其实政治何尝不是一种技术？倘若我们是个还想活五十年的年轻人，而且希望比我们更年轻的国民也仍然还有机会在这块土地上活下去，我以为：

第一，我们应肯定帝王神佛与臣仆信士对立的人生观，是使国家衰弱民族堕落的直接因素。（这是病因。）

第二，我们应认识清楚凡用老办法开倒车，想使历史回头的，这些人皆有意无意在那里做糊涂事，所做的事皆只能增加国民的愚昧与堕落，没有一样好处。

第三，我们应明白凡迷恋过去，不知注意将来，或对国事消极悲观，领导国民从事念佛敬神的，皆是精神身体两不健康的病人狂人。（这些人同巫师一样，不同处只是巫师是因为要弄饭吃装病装狂，这些人是因为有饭吃故变成病人狂人。）

第四，我们应明白一个"人"的权利，向社会争取这种权利，且拥护那些有勇气努力争取正当权利的国民行为。应明白一个"人"的义务是什么，对做人的义务发生热烈的兴味，勇于去担当义务。要把依赖性看作十分可羞，把懒惰同身心衰弱看成极不道德。要有自信心，忍劳耐苦不在乎，对一切事皆有从死里求生的精神，对精神身体两不健康的病人狂人永远取不合作态度。这才是救国家同时救自己的简要药方。

作者简介

　　沈从文（1902—1988），苗族，湖南凤凰县人。他不仅是作家，还是历史学家、考古学家。其文学作品《边城》《湘西》《从文自传》等，在国内外有重大的影响。他的作品在日本、美国、英国等40多个国家出版。

8. 中国民族精神所在 [①] / 梁漱溟

> 盖清明不清明，和谐不和谐，都是生命自身的事，在人自
> 见自知，自证自信，一寻求便向外去，而生命却不在外。

我常常说，除非过去数千年的中国人都白活了，如其还有其
他的贡献，那就是认识了人类之所以为人，而恰恰相反地，自近
代至现代，欧美学术虽发达进步，远过前人，而独于此则甚幼稚。
二十多年来我准备写《人心与人生》一书，以求教当世；书虽未成，
而一年一年果然证实了我的见解。在学术发达，而人祸弥以严重
之今日，西洋人已渐悟其一向皆务为物的研究，而太忽略于人。
以致对于物所知道的虽多，而于人自己却所知甚少。[②] 最近学者乃
始转移视线，而致力于此，似乎还谈不到什么成就。

何以敢说他们幼稚呢？在现代亦有好多门学问讲到人；特

---

① 本文作于 1946 年。

② 摘自 1946 年《观察周刊》第 1 卷 2 期，潘光旦著《人的控制与物的控制》一
文，说目前的学术与教育，已经把人忘记得一干二净，人至今未得为科学研究的对
象，而落在三不管地带，美国人嘉瑞尔（Alexis Carrel）著《未了知之人类》（Man
the unknown）书，亦有慨乎此而作也。

别是心理学，应当就是专来研究人的科学。但心理学应该如何研究法，心理学到底研究些什么（对象和范围），各家各说，至今莫衷一是。这比起其他科学来，岂不证明其幼稚！然而在各执一词的学者间，其对于人的认识，却几乎一致地与中国古人不合，而颇有合于他们的古人之处。西洋自希腊以来，似乎就不见有人性善的观念；而从基督教后，更像是人生来带着罪过。现在的心理学资借于种种科学方法，资借于种种科学所得，其所见亦正是人自身含着很多势力，不一定调谐。他们说："现在需要解释者，不是人为什么生出许多不合理的行为，而是为什么人居然亦能行为合理。"[①] 此自然不可与禁欲的宗教，或把人身体视为罪恶之源的玄学，视同一例，却是他们不期而然，前后似相符顺。

恰成一对照：中国古人却正有见于人类生命之和谐。——人自身是和谐的（所谓"无礼之礼，无声之乐"指此）；人与人是和谐的（所谓"能以天下为一家，中国为一人"者在此）；以人为中心的整个宇宙是和谐的（所以说"致中和天位地位焉，万物育焉"，"赞天地之化育，与天地参"等）。儒家对于宇宙人生，总不胜其赞叹；对于人总看得十分可贵；特别是他实际上对于人总是信赖，而从来不曾把人当成问题，要寻觅什么办法。

此和谐之点，即清明安和之心，即理性，一切生物均限于"有对"之中，唯人类则以"有对"超进于"无对"。清明也，和谐也，皆得之于此。果然有见于此，自尔无疑，若其无见，寻求不到。盖清明不清明，和谐不和谐，都是生命自身的事，在人自见自知，

---

① 语出心理学家麦独孤（McDougal），此人擅说本能，亦被玄学之讥。

自证自信，一寻求便向外去，而生命却不在外。今日科学家的方法，总无非本于生物有对态度向外寻求，止于看见生命的一些影子，而且偏于机械一面。和谐看不到，问题却看到了。其实，人绝不是不成问题，说问题都出在人身上，这话并没有错。但要晓得，问题在人；问题之解决仍在人自己，不能外求，不信赖人，又怎样？信赖神吗？信赖国家吗？或信赖……吗？西洋人如此；中国人不如此。

孔子态度平实，所以不表乐现（不俱言性善），唯处处教人用心回省（见前引录《论语》各条），即自己诉诸理性。孟子态度轩豁直抉出理性以示人。其所谓"心之官则思"所谓"从其大体……从其小体"，所谓"先立乎其大者，则小者不能夺"，岂非皆明白指出心思作用要超于官体作用之上，勿为所掩蔽。其"理义悦心，刍豢悦口"之喻，及"怵惕""侧隐"等说，更从心思作用之情的一面，直指理性之所在。最后直说"无为其所不为，无欲其所不欲，如此而已矣！"何等直截了当，使人当下豁然无疑。

日本学者五来欣造说：在儒家，我们可以看见理性的胜利。儒家所尊崇的不是天，不是神，不是君主，不是国家权力，并且亦不是多数人民。只有将这一些（天、神、君、国、多数），当作理性之一个代名词用时，儒家才尊崇它。这话是不错的，儒家假如亦有其主义的话，推想应当就是"理性至上主义"。

就在儒家领导之下，两千多年间，中国人养成一种社会风尚，或民族精神，除最近数十年浸浸澌灭，今已不易得见外，过去中国人的生存，及其民族生命之开拓，胥赖于此，这种精神，分析言之，约有两点：一为向上之心强，一为相与之情厚。

向上心，即不甘于错误的心，即是非之心，好善服善的心，要求公平合理的心，拥护正义的心，知耻要强的心，嫌恶懒散而喜振作的心……总之，于人生利害得失之外，更有向上一念者是，我们总称之曰："人生向上"。从之则坦然泰然，怡然自得而殊不见其所得；违之则歉恨不安，仿佛若有所失而不见其所失。在中国古人，则谓之"义"谓之"理"。这原是人所本有的；然当人类文化未进，全为禁忌（taboo）、崇拜、迷信、习俗所蔽，各个人意识未曾觉醒活动，虽有却不被发见。甚至就在文化已高的社会，如果宗教或其他权威强盛，宰制了人心，亦还不得发达。所以像欧洲中古之世，尚不足以语此。到近代欧洲人，诚然其个人意识觉醒活动了，却惜其意识只在求生存求幸福，一般都是功利思想，驰骛于外，又体认不到此。现代人生，在文化各方面靡不迈越前人，夫何待言；但在这一点上，却丝毫未见有进。唯中国古人得脱投于宗教之迷蔽而认取人类精神独早，其人生态度，其所有之价值判断，乃悉以此为中心。虽因提出太早牵掣而不得行，然其风尚所在，固彰彰也。

在人生态度上，通常所见好像不外两边。譬如在印度，各种出世的宗教为一边，顺世外道为一边。又如在欧洲，中古宗教为一边，近代以至现代人生为一边。前者否定现世人生，要出世而禁欲；后者肯定现世人生，就以为人生不外乎种种欲望之满足。谁曾看见更有真正的第三条路？但中国人就特辟中间一路（这确乎很难），而殊非斟酌折衷于两边（此须认清）。中国人肯定人生而一心于现世，这就与宗教出世而禁欲者，绝不相涉。然而他不看重现世幸福，尤其贬斥了欲望。他自有其全副精神倾注之所在：

德之不修，学之不讲，闻义不能徙，不善不能改，是吾忧也。

食无求饱，居无求安，敏于事而慎于言，就有道而正焉，可谓好学也已。（以上均见《论语》）

试翻看全部《论语》，全部《孟子》，处处表见，如此者不一而足，引证不胜其引证。其后"理""欲"之争，"义""利"之辩，延两千余年未已，为中国思想史之所特有，无非反复辨析其间之问题，而坚持其态度。语其影响，则中国社会经济亘两千余年停滞不进者，未始不在此。一直到近代西洋潮流输入中国，而后风气乃变。

儒家盖认为人生的意义价值，在不断自觉地向上实践他所看到的理。宽泛言之，人生向上有多途，严格地讲，唯此为真向上。此须分两步来说明：第一，人类凡有所创造，皆为向上。盖唯以人类生活不同乎物类之"就是这么一回事"也，其前途乃有无限开展。有见于外之开展，则为人类文化之迁进无已；古今一切文物制度之发明创造，以至今后理想社会之实现，皆属之。有存乎内之开展，则为人心日造乎开大通透深细敏活而映现之理亦无尽。此自通常所见教育上之成就，以至古今东西各学派各宗教之修养功夫（如其非妄）所成就者，皆属之。前者之创造在身外；后者之创造，在生命本身上。其间一点一滴，莫不由向上努力而得，故有一于此，即向上矣。第二，当下一念向上，别无所取，乃为真向上。偏乎身外之创造者遗漏其生命本身，务为其本身生命之创造者（特如某些宗教中人）置世事于不顾。此其意皆有所取，不能无得失之心，衡以向上之义犹不尽符合。唯此所谓"人要不断自觉地向上实践他所看到的理"，其理存于我与人世相关系之上，"看到"即看到我在此应如何；"向上实践"即看到而力行之。念念不离当下，唯义所在，无所取求。古语所谓圣人"人伦之至"者，正以此理不外伦理也。此与下面"相与之情厚"相联。试详下文。

人类生命廓然与物同体，其情无所不到。所以昔人说：

（上略）是故见孺子之入井，而必有怵惕恻隐之心焉；是其仁之与孺子而为一体也。孺子犹同类者也。见鸟兽之哀鸣觳觫，而必有不忍之心焉；是其仁之与鸟兽而为一体也。鸟兽犹有知觉者也。见草木之摧折，而必有悯恤之心焉；是其仁之与草木而为一体也。草木犹有生意者也。见瓦石之毁坏，而必有顾惜之心焉；是其仁之与瓦石而为一体也。（见《王阳明全集·大学问》）

前曾言：一切生物均限于"有对"之中，唯人类则以"有对"超进于"无对"，盖指此。辗转不出乎利用与反抗，是曰"有对"；"无对"则超于利用与反抗，而恍若其为一体也。此一体之情，发乎理性；不可与高等动物之情爱视同一例。高等动物在其亲子间、两性间乃至同类间，亦颇有相关切之情可见。但那是附于本能之情绪，不出乎其生活（种族繁衍，个体生存）所需要，一本于其先天之规定。到人类，此种本能犹未尽泯，却也大为减弱。是故，笃于夫妇间者，在人不必人人皆然；而在某一鸟类，则个个不稍异，代代不稍改。其他鸟兽笃于亲子之间者，亦然。而人间慈父母固多，却有溺女杀婴之事。情之可厚可薄者，与其厚则厚，薄则薄，固定不易者，显非同物也。动物之情，因本能而始见；人类情感之发达，则从本能之减弱而来，是岂可以无辨？

理智把本能松开，松开的空隙愈大，愈能通风透气。这风就是人的感情，人的感情就是这风。而人心恰是一无往不通之窍。所以人的感情丰啬，视乎其生命中机械成分之轻重而为反比例（机械成分愈轻，感情愈丰厚），不同乎物类感情，仅随附于其求生机械之上，人类生命通乎天地万物而无隔，不同乎物类生命之锢于其求生机械之中。

前曾说，人在欲望中恒只知为我而顾不到对方；反之，人在感情中，往往只见对方而忘了自己（见《中国文化要义》第五章）。实则，此时对方就是自己。凡痛痒亲切处，就是自己，何必区区数尺之躯。普泛地关情，即不啻普泛地负担了任务在身上，如同母亲要为她儿子服务一样。所以昔人说"宇宙内事，即己分内事"（陆象山先生语）。人类理性，原如是也。

然此无所不到之情，却自有其发端之处，即家庭骨肉之间是。爱伦凯（Ellen Key）《母性论》中说，小儿爱母为情绪发达之本，由是扩充以及远；此一顺序，犹树根不可期天，中国古语"孝悌为仁之本"，又曰"亲亲而仁民，仁民而爱物"，其间先后、远近、厚薄自是天然的。"伦理关系始于家庭，而不止于家庭"，这是由近及远。"举整个社会各种关系而一概家庭化之"，这是更引远而入近，唯恐其情之不厚。中国伦理本位的社会之形成，无疑地，是旨向于"天下为一家，中国为一人"。虽因提出太早，牵制而不得行，然其精神所在，固不得而否认也。

中国伦理本位的社会，形成于礼俗之上，多由儒家之倡导而来，这是事实。现在我们说明儒家之所以如此，正因其有见于理性，有见于人类生命，一个人天然与他前后左右的人，与他的世界不可分离。所以前章"安排伦理组织社会"一段，我说孔子最初所着眼的，倒不在社会组织，而宁在一个人如何完成他自己。

一个人的生命，不只一个人而止，是有伦理关系。伦理关系，即是情谊关系，亦即是其相互间的一种义务关系。所贵乎人者，在不失此情与义。"人要不断自觉地向上实践他所看到的理"，大致不外是看到此情义，实践此情义。其间"向上之心"，"相与之情"，有不可分析言之者已。不断有所看到，不断地实践，则卒成所谓圣贤。中国之所尚，在圣贤；西洋之所尚，在伟人；印度之所尚，在仙佛。社会风尚民族精神各方不同，未尝不可于此识别。

人莫不有理性，而人心之振靡，人情之厚薄，则人人不同；同一人而时时不同。无见于理性之心理学家，其难为测验者在此。有见于理性之中国古人，其不能不兢兢勉励者在此。唯中国古人之有见于理性也，以为"是天之所予我者"，人生之意义价值在焉。外是而求之，无有也已！不此之求，奚择于禽兽？在他看去，所谓学问，应当就是讲求这个的，舍是无学问。所谓教育，应当就是教育培养这个的，舍是无教育。乃至政治，亦不能舍是。所以他纳国家于伦理，合法律于道德，而以教化代政治（政教合一）。自周孔以来两三千年，中国文化趋重在此，几乎集全力以倾注于一点。假如中国人有其长处，其长处不能舍是而他求。假如中国人有其所短，其所短亦必坐此而致。中国人而食福，食此之福；中国人而被祸，被此之祸。总之，其长短得失，祸福利害，举不能外乎是。

凡是一种风尚，每每有其扩衍太过之处，尤其是日久不免机械化，原意尽失，只余形式。这些就不再是一种可贵的精神，然而却是当初有这种精神的证据。若以此来观察中国社会，那么，沿着"向上心强""相与情厚"而余留于习俗中之机械形式，就最多。譬如中国人一说话，便易有"请教""赐教"等词，顺口而出。此即由古人谦德所余下之机械形式，源出于当初之向上心理。又譬如西洋朋友两个人同在咖啡馆吃茶，可以各付茶资。中国人便不肯如此，总觉各自付钱，太分彼此，好难为情。此又从当初相与之情厚而有之余习也，这些尚不足为病。更有不致失去原意，而且演成笑话，滋生弊端者，其事亦甚多，今举其中关系最大之一事，即中国历代登庸人才之制度。中国古代封建之世，亦传有选贤制度，如《周礼》《礼记》所记载者，是否事实，不敢说。从两汉选举，魏晋九品中正，隋唐考试，这些制度上说，都是用人唯贤，意在破除阶级，立法精神彰然而不可掩。除考试以文章才学为准外，其乡举里选，九品中正，一贯相沿以人品行谊为准，例如"孝廉""孝悌""贤良""方正""敦厚""逊让""忠恪""信义""劳谦"等，皆为其选取之目，这在外国人不免引以为异，却是熟习中国精神之人，自然懂得。尽管后来，有名无实，笑话百出，却总不能否认其当初有此一番用意。由魏晋以迄隋唐，族姓门第之见特著，在社会上俨然一高贵之阶级，而不免与权势结托不分。然溯其观念（族姓门第观念）所由形成，则本在人品家风为众矜式，固非肇兴于权势，抑且到后来仍自有其价值地位，非权势所能倾。唐文宗对人叹息，李唐数百年天子之家尚所不及者，即此也。以意在破除阶级者，而卒演出阶级来，这自然是大笑话大弊病；却是其笑话其偏弊，不出于他而出于此；则其趣尚所在，不重可识乎！

一般都知道，世界各处，在各时代中，恒不免有其社会阶级之形成。其间或则起于宗教，或则起于强权，或则起于资产，或则起于革命。一时一地，各著色彩，纷然异趣，独中国以理性早得开发，不为成见之固执，不做势力之对抗，其形成阶级之机会最少。顾不料其竟有渊源于理性之阶级发生，如上之所说。此其色彩又自不同，殆可以为世界所有阶级中添多一格。这虽近于笑谈，亦未尝不可资比较文化者之一助。

作者简介

梁漱溟（1893—1988），生于北京，祖籍广西桂林。原名焕鼎，字寿铭，后以漱溟行世。中国近代著名思想家、教育家、社会改造活动家，现代新儒学代表人物之一。1917年—1924年执教于北京大学哲学系。1930年—1937年，从事乡村建设运动。1938年—1947年，为谋求统一团结抗日与和平民主建国而奔走。其主要著作：《东西方文化及其哲学》《乡村建设理论》《中国文化要义》及《人心与人生》等。

9. 论气节 [①] / 朱自清

> 这种变质是中国现代化的过程的一段，而中国的知识阶级在这过程中也曾尽了并且还在想尽他们的任务，跟这时代世界上别处的知识阶级一样，也分享着他们一般的运命。

气节是我国固有的道德标准，现代还用着这个标准来衡量人们的行为，主要的是所谓读书人或士人的立身处世之道。但这似乎只在中年一代如此，青年代倒像不大理会这种传统的标准，他们在用着正在建立的新的标准，也可以叫作新的尺度。中年代一般接受这传统，青年代却不理会它，这种脱节的现象是这种变的时代或动乱时代常有的。因此就引不起什么讨论。直到近年，冯雪峰先生才将这标准这传统作为问题提出，加以分析和批判：这是在他的《乡风与市风》那本杂文集里。

冯先生指出"士节"的两种典型：一是忠臣，一是清高之士。他说后者往往因为脱离了现实，成为"为节而节"的虚无主义者，

---

① 本文作于 1947 年 4 月 13、14 日。

结果往往会变了节。他却又说"士节"是对人生的一种坚定的态度，是个人意志独立的表现。因此也可以成就接近人民的叛逆者或革命家，但是这种人物的造就或完成，只有在后来的时代，例如我们的时代。冯先生的分析，笔者大体同意；对这个问题笔者近来也常常加以思索，现在写出自己的一些意见，也许可以补充冯先生所没有说到的。

气和节似乎原是两个各自独立的意念。《左传》上有"一鼓作气"的话，是说战斗的。后来所谓"士气"就是这个气，也就是"斗志"；这个"士"指的是武士。孟子提倡的"浩然之气"，似乎就是这个气的转变与扩充。他说"至大至刚"，说"养勇"，都是带有战斗性的。"浩然之气"是"集义所生"，"义"就是"有理"或"公道"。后来所谓"义气"，意思要狭隘些，可也算是"浩然之气"的分支。现在我们常说的"正义感"，虽然特别强调现实，似乎也还可以算是跟"浩然之气"联系着的。至于文天祥所歌咏的"正气"，更显然跟"浩然之气"一脉相承。不过在笔者看来两者却并不完全相同，文氏似乎在强调那消极的节。

节的意念也在先秦时代就有了，《左传》里有"圣达节，次守节，下失节"的话。古代注重礼乐，乐的精神是"和"，礼的精神是"节"。礼乐是贵族生活的手段，也可以说是目的。他们要定等级，明分际，要有稳固的社会秩序，所以要"节"，但是他们要统治，要上统下，所以也要"和"。礼以"节"为主，可也得跟"和"配合着；乐以"和"为主，可也得跟"节"配合着。节跟和是相辅相成的。明白了这个道理，我们可以说所谓"圣达节"等的"节"，是从礼乐里引申出来成了行为的标准或做人的标准；而这个节其实也就是传统的"中道"。按说"和"也是中道，不同的是"和"重在合，"节"重在分；重在分所以重在不犯不乱，这就带上消极性了。

　　向来论气节的，大概总从东汉末年的党祸起头。那是所谓处士横议的时代。在野的士人纷纷的批评和攻击宦官们的贪污政治，中心似乎在太学。这些在野的士人虽然没有严密的组织，却已经在联合起来，并且博得了人民的同情。宦官们害怕了，于是乎逮捕拘禁那些领导人。这就是所谓"党锢"或"钩党"，"钩"是"钩连"的意思。从这两个名称上可以见出这是一种群众的力量。那时逃亡的党人，家家愿意收容着，所谓"望门投止"，也可以见出人民的态度，这种党人，大家尊为气节之士。气是敢作敢为，节是有所不为——有所不为也就是不合作。这敢作敢为是以集体的力量为基础的，跟孟子的"浩然之气"与世俗所谓"义气"只注重领导者的个人不一样。后来宋朝几千太学生请愿罢免奸臣，以及明朝东林党的攻击宦官，都是集体运动，也都是气节的表现。但是这种表现里似乎积极的"气"更重于消极的"节"。

　　在专制时代的种种社会条件之下，集体的行动是不容易表现的，于是士人的立身处世就偏向了"节"这个标准。在朝的要做忠臣。这种忠节或是表现在冒犯君主尊严的直谏上，有时因此牺牲性命；或是表现在不做新朝的官甚至以身殉国上。忠而至于死，那是忠而又烈了。在野的要做清高之士，这种人表示不愿和在朝的人合作，因而游离于现实之外；或者更逃避到山林之中，那就是隐逸之士。这两种节，忠节与高节，都是个人的消极的表现。忠节至多造就一些失败的英雄，高节更只能造就一些明哲保身的自了汉，甚至于一些虚无主义者。原来气是动的，可以变化。我们常说志气，志是心之所向，可以在四方，可以在千里，志和气是配合着的。节却是静的，不变的；所以要"守节"，要不"失节"。有时候节甚至于是死的，死的节跟活的现实脱了榫，于是乎自命清高的人结果变了节，冯雪峰先生论到周作人，就是眼前的例子。

从统治阶级的立场看，"忠言逆耳利于行"，忠臣到底是维护着这个阶级的，而清高之士消纳了叛逆者，也是有利于这个阶级的。所以宋朝人说"饿死事小，失节事大"，原先说的是女人，后来也用来说士人，这正是统治阶级代言人的口气，但是也表示着到了那时代士的个人地位的增高和责任的加重。

"士"或称为"读书人"，是统治阶级最下层的单位，并非"帮闲"。他们的利害跟君相是共同的，在朝固然如此，在野也未尝不如此。固然在野的处士可以不受君臣名分的束缚，可以"不事王侯，高尚其事"，但是他们得吃饭，这饭恐怕还得靠农民耕给他们吃，而这些农民大概是属于他们做官的祖宗的遗产的。"躬耕"往往是一句门面话，就是偶然有个把真正躬耕的如陶渊明，精神上或意识形态上也还是在负着天下兴亡之责的士，陶的《述酒》等诗就是证据。可见处士虽然有时横议，那只是自家人吵嘴闹架，他们生活的基础一般的主要的还是在农民的劳动上，跟君主与在朝的大夫并无两样，而一般的主要的意识形态，彼此也是一致的。

然而士终于变质了，这可以说是到了民国时代才显著。从清朝末年开设学校，教员和学生渐渐加多，他们渐渐各自形成一个集团；其中有不少的人参加革新运动或革命运动，而大多数也倾向着这两种运动。这已是气重于节了。等到民国成立，理论上人民是主人，事实上是军阀争权。这时代的教员和学生意识着自己的主人身份，游离了统治的军阀；他们是在野，可是由于军阀政治的腐败，却渐渐获得了一种领导的地位。他们虽然还不能和民众打成一片，但是已经在渐渐地接近民众。五四运动划出了一个新时代。自由主义建筑在自由职业和社会分工的基础上。教员是自由职业者，不是官，也不是候补的官。学生也可以选择多元的职业，不是只有做官一路。他们于是从统治阶级独立，不再是"士"

或所谓"读书人"，而变成了"知识分子"，集体的就是"知识阶级"。残余的"士"或"读书人"自然也还有，不过只是些残余罢了。这种变质是中国现代化的过程的一段，而中国的知识阶级在这过程中也曾尽了并且还在想尽他们的任务，跟这时代世界上别处的知识阶级一样，也分享着他们一般的运命。若用气节的标准来衡量，这些知识分子或这个知识阶级开头是气重于节，到了现在却又似乎是节重于气了。

知识阶级开头凭着集团的力量勇猛直前，打倒种种传统，那时候是敢作敢为一股气。可是这个集团并不大，在中国尤其如此，力量到底有限，而与民众打成一片又不容易，于是碰到集中的武力，甚至加上外来的压力，就抵挡不住。而一方面广大的民众抬头要饭吃，他们也没法满足这些饥饿的民众。他们于是失去了领导的地位，逗留在这夹缝中间，渐渐感觉着不自由，闹了个"四大金刚悬空八只脚"。他们于是只能保守着自己，这也算是节吧；也想缓缓地落下地去，可是气不足，得等着瞧。可是这里的是偏于中年一代。青年代的知识分子却不如此，他们无视传统的"气节"，特别是那种消极的"节"，替代的是"正义感"，接着"正义感"的是"行动"，其实"正义感"是合并了"气"和"节"，"行动"还是"气"。这是他们的新的做人的尺度。等到这个尺度成为标准，知识阶级大概是还要变质的吧？

作者简介

朱自清（1898—1948），原名朱自华，字佩弦，江苏扬州人。现代杰出的散文家、诗人、学者、民主战士。代表作有《春》《绿》《背影》《荷塘月色》《匆匆》等。

10. 中国的民族性 ①/ 季羡林

> 难道我们真要礼失而求诸野吗？这是我们每一个中国人所面临的而又必须认真反省的问题。

我一向认为，世界上不同的民族都有不同的民族性。那么，我们中华民族怎样呢？我们中华民族当然不能例外。

中华民族是一个伟大的民族，勤劳、勇敢、智慧，对人类做出了巨大的贡献。这是谁也否认不掉的。我自以生为中国人为荣，生为中国人自傲。如果真正有轮回转生的话，我愿生生世世为中国人。

但是——一个很大的"但是"，环视我们四周，当前的社会风气，不能说都是尽如人意的。有的人争名于朝，争利于市，急功近利，浮躁不安，只问目的，不择手段。大抢大劫，时有发生；小偷小摸，所在皆是。即以宴会一项而论，政府三令五申，禁止浪费；但是令不行，禁不止，哪一个宴会不浪费呢？贿赂虽不能说公行，但变相的花样却繁多隐秘。我很少出门上街；但是，只要出去一次，

---

① 本文作于 1998 年 7 月 16 日。

必然会遇到吵架斗殴的。在公共汽车上，谁碰谁一下，谁踩谁一脚，这是难以避免的事，只需说上一句：对不起！就可以化干戈为玉帛；然而，对不起！谢谢！这样的词儿，我们大多数人都不会说了，必须在报纸上大力提倡。所有这一切，同我国轰轰烈烈、红红火火的伟大建设工作，都十分矛盾，十分不协调。同我们伟大民族的光荣历史，更是非常不相称。难道说我们这个伟大民族撞着什么客了吗？

鲁迅先生是最热爱中华民族的，他毕生用他那一支不值几文钱的笔不断剖析中国的民族性，鞭辟入里，切中肯綮，对自己也决不放过。当你被他刺中要害时，在出了一身冷汗之余，你决不会恨他，而是更加爱他。可是他的努力有什么结果呢？到了今天，已经换了人间，而鲁迅点出的那一点缺点，不但一点也没有收敛，反而有增强之势。

有人说，这是改革开放大潮社会转轨之所致。我看，恐怕不是这个样子。前几年，我偶尔为写《糖史》收集资料读到了一本19世纪中国驻日本使馆官员写的书，里面讲到这样一件事。这一位新到日本的官员说：他来日本已经数月，在街上没有看到一起吵架的。一位老官员莞尔而笑，说：我来日本已经四年，也从来没有看到一起吵架的。我读了以后，不禁感慨万端。不过，我要补充一句：日本人彬彬有礼，不吵架，这十分值得我们学习。对广大日本人民来说，这是完全正确的。但是对日本那一小撮军国主义侵略分子来说，他们野蛮残暴，嗜血成性，则完全是另一码事了。

不管怎样，中国民族性中这一些缺点，不自改革开放始，也不自建国始，更不自鲁迅时代始，恐怕是古已有之的了。我们素称礼仪之邦，素讲伦理道德，素宣扬以夏变夷；然而，其结果却不能不令人失望而且迷惑不解。难道我们真要礼失而求诸野吗？这是我们每一个中国人所面临的而又必须认真反省的问题。

作者简介

　　季羡林（1911—2009），山东临清人，国际著名东方学大师、语言学家、文学家、国学家、佛学家、史学家、教育家和社会活动家。早年留学国外，通英、德、梵、巴利文，能阅俄、法文，尤精于吐火罗文，其著作汇编成《季羡林文集》。

第二篇
国民教育之理想

　　教育的中心思想，一方面固须顾及目前的实际需要，另一方面更须考虑如何承受固有文化，进而创造新文化。前者仅为一时的便利，后者方为真正的建设。

　　教育者须对于教育有信仰心，如宗教徒对于他的上帝一样，教育者须有健全的人格，尤须有深广的爱；教育者须能牺牲自己，任劳任怨。

1. 学生与社会 [①] / 胡适

> 我们要改良社会，就要学这"争真理不穿好裤子"的态度，
> 相信这"最孤立的人是最有强力的人"的名言。

今天我同诸君所谈的题目是"学生与社会"。这个题目可以分两层讲：一、个人与社会；二、学生与社会。现在先说第一层。

个人与社会有密切的关系，个人就是社会的出产品。我们虽然常说"人有个性"，并且提倡发展个性，其实个性于人，不过是千分之一，而千分之九百九十九全是社会的。我们的说话，是照社会的习惯发音；我们的衣服，是按社会的风尚为式样；就是我们的一举一动，无一不受社会的影响。

六年前我作过一首《朋友篇》，在这篇诗里我说："清夜每自思，此身非吾有；一半属父母，一半属朋友。"如今想来，这百分之五十的比例算法是错了。此身至少有千分之九十九是属于广义的

---

① 本文选自北京大学出版社 1998 年版《胡适文集》，具体写作时间不详。

朋友的。我们现在虽在此地，而几千里外的人，不少的同我们发生关系。我们不能不穿衣，不能不点灯，这衣服与灯，不知经过多少人的手才造成功的。这许多为我们制衣造灯的人，都是我们不认识的朋友，这衣与灯就是这许多人不认识的朋友给予我们的。

再进一步说，我们的思想，习惯，信仰等都是社会的出产品，社会上都说"吃饭"。我们所以我们，就是这些思想、信仰、习惯……这些既都是社会的，那么除开社会，还能有我吗？这第一点的要义：我之所以为我，在物质方面，是无数认识与不认识的朋友的；在精神方面，是社会的，所谓"个人"差不多完全是社会的出产品。

个人——我——虽仅是千分之一，但是这千分之一的"我"是很可宝贵的。普通一般的人，差不多千分之千都是社会的，思想、举动、语言、服食都是跟着社会跑。有一二特出者，有千分之一的我——个性，于跟着社会跑的时候，要另外创作，说人家未说的话，做人家不做的事。社会一般人就给他一个浑号，叫他"怪物"。

怪物原有两种：一种是发疯，一种是个性的表现。这种个性表现的怪物，是社会进化的种子，因为人类若是一代一代地互相仿造，不有变更，那就没有进化可言了。唯其有些怪物出世，特立独行，做人不做的事，说人未说的话，虽有人骂他打他，甚而逼他至死，他仍是不改他的怪言、怪行。久而久之，渐渐地就有人模仿他了，由少数的怪，变为多数，更变而为大多数，社会的风尚从此改变，把先前所怪的反视为常了。

宗教中的人物，大都是些怪物，耶稣就是一个大怪物。当时的人都以为有人打我一掌，我就应该还他一掌。耶稣偏要说："有人打我左脸一掌，我应该把右边的脸转送给他。"他的言语、行为，处处与当时的习尚相反，所以当时的人就以为他是一个怪物，把他钉死在十字架上。但是他虽死不改其言行，所以他死后就有人尊敬他，爱慕、模仿他的言行，成为一个大宗教。

怪事往往可以轰动一时，凡轰动一时的事，起先无不是可怪异的。比如缠足，当初一定是很可怪异的，而后来风行了几百年。近来把缠小的足放为天足，起先社会上同样以为可怪，而现在也渐风行了。可见不是可怪，就不能轰动一时。社会的进化，纯是千分之一的怪物，可以牺牲名誉、性命，而做可怪的事，说可怪的话以演成的。

社会的习尚，本来是革不尽，也不能够革尽的，但是改革一次，虽不能达完全目的，至少也可改革一部分的弊习。譬如辛亥革命，本是一个大改革，以现在的政治社会情况看，固不能说是完全成功，而社会的弊习——如北京的男风，官家厅的公门等——附带革除的，实在不少。所以在实际上说，总算是进化得多了。

这第二点的要义：个人的成分，虽仅占千分之一，而这千分之一的个人，就是社会进化的原因。人类的一切发明，都是由个人一点一点改良而成功的。唯有个人可以改良社会，社会的进化全靠个人。

由上一层推到这一层，其关系已很明白。不过在文明的国家，学生与社会的特殊关系，当不大显明，而学生所负的责任，也不大很重。唯有在文明程度很低的国家，如像现在的中国，学生与社会的关系特深，所负的改良的责任也特重。这是因为学生是受过教育的人，中国现在受过完全教育的学生，真不足千分之一，这千分之一受过完全教育的学生，在社会上所负的改良责任，岂不是比全数受过教育的国家的学生，特别重大吗？

教育是给人戴一副有光的眼镜，能明白观察；不是给人穿一件锦绣的衣服，在人前夸耀。未受教育的人是近视眼，没有明白的认识，远大的视力；受了教育，就是近视眼戴了一副近视镜，眼光变了，可以看得清楚远大。学生读了书，造下学问，不是为要到他的爸爸面前，要吃肉菜，穿绸缎；是要认他爸爸认不得的，替他爸爸说明，来帮他爸爸的忙。他爸爸不知道肥料的用法，土壤的选择，他能知道，告诉他爸爸，给他爸爸制肥料，选土壤，那他家中的收获，就可以比别人家多出许多了。

从前的学生都喜欢戴平光的眼镜，那种平光的眼镜戴如不戴，不是教育的结果。教育是要人戴能看从前看不见，并能看人家看不见的眼镜。我说社会的改良，全靠个人，其实就是靠这些戴近视镜，能看人所看不见的个人。

从前眼镜铺不发达，配眼镜的机会少，所以近视眼，老是近视看不远。现在不然了，戴眼镜的机会容易得多了，差不多是送上门来，让你去戴。若是我们不配一副眼镜戴，那不是自弃吗？若是仅戴一副看不清、看不远的平光镜，那也是可耻的事呀。

这是一个比喻，眼镜就是知识，学生应当求知识，并应当求其所要的知识。

戴上眼镜，往往容易招人家厌恶。从前是近视眼，看不见人家脸上的麻子，戴上眼镜，看见人家脸上有麻子，就要说："你是个麻子脸。"有麻子的人，多不愿意别人说他的麻子。要听见你说他是麻子，他一定要骂你，甚而或许打你。这一改意思，就是说受过教育，就认识清社会的恶习，而发不满意的批评。这种不满意社会的批评，最容易引起社会的反感。但是人受教育，求知识，原是为发现社会的弊端，若是受了教育，而对于社会仍是处处觉得满意，那就是你的眼镜配错了光了，应该返回去审查一下，重配一副光度合适的才好。

从前格里林因人家造的望远镜不适用，他自己造了一个扩大几百倍的望远镜，能看木星现象。他请人来看，而社会上的人反以为他是魔术迷人，骂他为怪物，革命党，几乎把他弄死。他唯其不屈不挠，不可抛弃他的学说，停止他的研究，而望远镜竟成为今日学问上、社会上重要的东西了。

总之，第一要有知识，第二要有图书。若是没有骨子便在社会上站不住。有骨子就是有奋斗精神，认为是真理，虽死不畏，都要去说去做。不以我看见我知道而已，还要使一般人都认识，都知道。让少数变为多数，由多数变成大多数，使一般人都承认这个真理。譬如现在有人反对修铁路，铁路是便利交通，有益社会的，你们应该站在房上喊叫宣传，使人人都知道修铁路的好处。若是有人厌恶你们，阻挡你们，你们就要拿出奋斗的精神，与他抵抗，非把你们的目的达到。不只你们的喊叫宣传，这种奋斗的精神，是改造社会绝不可少的。

二十年前的革命家，现在哪里去了？他们的消灭不外两个原因：（1）眼镜不适用了。二十年前的康有为是一个出风头的革命家，不怕死的好汉子。现在人都笑他为守旧，老古董，都是由他不去把不适用的眼镜换一换的缘故。（2）无骨子。有一班革命家，骨子软了，人家给他些钱，或给他一个差事，叫他不要干，他就不敢干了。没有一种奋斗精神，不能拿出"你不要我干，我偏要干"的决心，所以都消灭了。

我们学生应当注意的就是这两点，眼镜的光若是不对了，就去换一副对的来戴；摸着脊骨软了，要吃一点硬骨药。

我的话讲完了，现在讲一个故事来作结，易卜生所作的《国家公敌》一剧，写一个医生司铎门发现了本地浴场的水里有传染病菌，他还不敢自信，请一位大学教授代为化验，果然不错。他就想要去改良它。不料浴场董事和一班股东因为改造浴池要耗费资本，拼死反对，他的老大哥与他的老丈人也都多方地以情感利诱，但他总是不可软化。他于万分困难之下设法开了一个公民会议，报告他的发明。会场中的人不但不听他的老实话，还把他赶出场去，裤子撕破，宣告他为国民公敌。他气愤不过，说："出去争真理，不要穿好裤子。"他是真有奋斗精神，能够特立独行的人，于这种逼迫之下还是不退缩。他说："世界最有强力的人就是那最孤立的人。"我们要改良社会，就要学这"争真理不穿好裤子"的态度，相信这"最孤立的人是最有强力的人"的名言。

2. 教育的信仰 [①]/ 朱自清

> 跛的教育是不能行远的，正如跛的人不能行远一样。功利
> 是好的，但是我们总该还有超乎功利以上的事，这便是要
> 做一个堂堂的人！

　　教育并不是一件容易的事，如一般人所想的。一般人以为教
育只是技能的事。有了办事才能，便可以做校长，有了教授才能，
便可以做教师；至其为人到底如何，却以为无关得失，可以存而
不论。在这种情形之下，做校长的至多是办事严明，会计不乱，
再请几位长于讲解的教师，便可邀誉一时了。做教师的呢，只要
多少有相当的根底，加以辩论的口才，也便可邀誉一时了。这还
是上等教育人才。等而下之，那些蝇营狗苟，谄媚官绅者流，也
未尝不可以做校长！那些凭借官绅势力，不学无术的鄙夫，也未
尝不可以做教师！——这班人在五四运动以后，迎受"新潮"，
又加添了一副逢迎学生的手段。于是上下其手，倒也可以固位，

---

① 　原载 1924 年 10 月 16 日，《春晖》34 期。

以达他们"有饭大家吃"的目的！读者或者觉得我说的太过，其实绝不会的；就以文明的浙江而论，内地里尽多这种情形呢！

至于教育行政人员，那就连技能和才干都在可有可无之列了。只要有援引的亲明，应酬的工夫，乃至钻营的伎俩，那就厅长也行，科长也行，科员也行，懂得教育——更不用说有研究了——与否，原是不必论的！至于提倡士气，以身作则，那更非所论于这班征运逐酒食的群公了！他们只知道趋炎附势，送旧迎新吧！如此而言教育，怎样会有进步？

但教育行政人员多少总是官僚；官僚原是又圆滑又懒惰的东西，我们本不能属望太奢的。教育的责任，十有八九究竟是应该由校长教师们担负的。但现在的校长教师们究竟怎样尽他们的责任呢？让我就浙江说吧，让我就浙江的内地说吧。

那校长一职，实在是一个缺！得了这个缺时，亲戚朋友的致贺，饯行，正和送一个新官上任一般。这是我在杭州常常目睹的。一般人看校长确和教师不同。我有一次偶然做了一个中学的教务主任，家里人写信给我说，你升了级了。照这样算来，校长竟比教员升了两级了；无怪乎一般校长都将校长当"三等县知事"做了！无怪校长公司（是杭州某团体的雅号）诸公千方百计地去谋校长做了！这样的校长，受命之后，先务之急是"串门子"；凡是学校所在地的议员，绅士，在省里的，必得去登门拜访一番，以表示他的敬意；然后才敢上任。上任后第一是安插几个必要的私人和上峰，绅士所荐的人；第二是向什么大学里请一两个毕业生，装装门面，新新耳目；第三是算账，看看出入如何，一般的校长特别注意这件事！第四才是例行公事，所谓教育了！这是经始的时候如此，至于平常日子，校长除了"教育"以外，也还有他的重大的事，便是应酬官绅和迎送客人！有一个地方的校长，因该地绅士有甲乙两派，互相水火，校长绝不能有畸轻畸重之嫌；于是费尽心机，想出一条妙计，每星期请一次客，甲乙派轮流着。这样，两派都不得罪了。这就是他的教育宗旨了！这层办妥帖了，校里的事自然便能为所欲为了！名利双收，全靠这种应酬的本领呢。但五四以后，学生也常会蹈瑕抵隙地和校长捣乱；这也很厉害的！校长却也有他的妙法，便是笼络各个首领，优加礼遇，以种种手段诱惑他们，使为己用！也有假手于教师的。各样情形，不实不尽！总之，教育是到"兽之国"里去了！

至于教师们尽他们责任的方法，第一是在于植党。植了党便可把持，操纵了。这种教师大约总有靠山——地方势力；凭了靠山，便可援引同类。有了同类，一面便可挟制校长，一面便可招徕学生；而招徕学生，更为他们的切要之图！他们的手段，说来令人惊叹！在招考的时候，他们便多方请托，多取自己同乡（同县），乃至亲戚故旧之子弟，俾将来可以调动裕如。至于平日呢，或诱学生以酒食，或诱学生以金钱，或诱学生以分数，尤其是无微不至！我知道有一个学校的教师，他每星期必请学生吃一次，香烟，瓜子而外，还有一桌一元钱的和菜，这种惠而不费的办法，竟可收着指挥如意的效果呢！可怜一班心胸坦白的青年只因见识短浅，定力缺乏，遂致为人犬马而不自知，真是怅惘了！金钱诱惑，比较少些；因为究竟太明显了，不敢明目张胆地做去。有用此法的，也只以借贷为名。分数的诱惑行之最易，因为这是教师们高下随心的，而且是不必破费一钱的。但太容易了，诱惑力量反倒少了——用了这种种手段，教师们植党的目的完全达到了；他们正如军阀一般，也可拥"学生军"以自卫了！于是威吓校长，排除异己，皆可如意而行；甚至掀起惊人的学潮，给予重大的牺牲于学校与学生！——而他们仍扬扬无恙。他们的教育的全过程，如是如是！

大师的国民理想

在这种教育现状里，在实施这种教育的学校里，校长与教师间，教职员与学生间，一般的关系又如何呢？这可以一言蔽之，就是"待遇异等"！有操纵的实力的教师与有教授的实力的教师，校长前程有关欲相倚重，自然特别看待；其余却就成了可有可无的东西了！虽是可有可无，在校长却也不无有用。别人送十二月薪俸，这类人不妨和他们说明，少送一个月或两个月；别人照关约所定数目送薪，这类人有时不防打个扣头——若反抗时，下学期可以请他走路！这些油，不用说都是校长来揩了；岂不是"有用"吗？至于教师与教师之间，当然也无善状可言。他们绝不读书，更无研究，课余之暇，只有嫖嫖，赌赌，吃吃，以遣时日，在内地里，教师们的嫖赌，是没有什么的；他们更可猖狂无忌了。此外还有讨小老婆，也是近来教师们常有的事。再说教师之于学生，往往依年级为宽严，视势力为厚薄。四年级学生，相待最是客气，三年级就差了，二年级一年级更差了！一班之中，会捣乱的，会说话的，常能得教师的青睐，遇事总让他三分！这种种情形，我想可以称为"阶级教育"吧！

以上所诉的现象，都因一般教育者将教育看作一种手段，而不看作目的，所以一糟至此！校长教师们既将教育看作权势和金钱的阶梯，学生们自然也将教育看作取得资格的阶梯；于是彼此都披了"教育"的皮，在变自己的戏法！戏法变得无论巧妙与笨拙，教育的价值却已丝毫不存！教育的价值是在培养健全的人格，这已成了老生常谈了。但要认真培养起来，那却谈何容易！第一教育者先须有"培养"的心，坦白的，正直的，温热的，忠于后一代的心！有了"培养"的心，才说得到"培养"的方法。像以上所说的校长教师们，他们口头上虽也有健全的人格，但心里绝没有健全的人格的影子！他们所有的，只是政客的纵横捭阖的心！

如何利用别人，如何愚弄别人，是他们根本的态度！他们以教育为手段，同时也以别人为手段。以"人"为手段，实在最可恶！无论当作杀人的长刀，无论当作护身的藤牌，总之只是一件"东西"而已！这样，根本上取消了别人与自己对等的人格！而自己的人格，因此也受了损伤！看别人是东西，他的人格便已不健全了！再进一步说，他自己的人格也只作为权势与金钱的手段罢了！所以就"人格"而论，就"健全的人格"而论，利用者与被利用者，结果是两败俱伤！康德说得好，人总须彼此以"目的"相待，不可相视作"手段"；他希望将来的社会是一个"目的国"。我想至少学校是"目的国"，才有真教育可言！

　　不足与言教育的，我们内地里有些校长与教师，我们真也不能与言，不必与言了。但前文所谓上等教育人才的，又如何呢？我意现在有许多号称贤明的校长教师，都可列在这一等内。他们心目中的教育，可以三语括之：课功，任法，尚严。课功是指注重事功而言。如设备求其完善，学业成绩求其优良，毕业生愿升学与能升学（能考入大学专门）的，求其多，体育成绩于求优良之外，更求其能胜人：是所谓课功，事功昭著于社会，教育者之责便已尽了。因为要课功，便须讲效率，便不得不有种种法则以督促之。法则本身是没有力量的，于是必假之以权威。权威有鞭策之功；于是愈用愈爱用，而法则便成了迷信了！在任权信法的环境中，尚严是当然的，因为尚严，所以要求整齐划一；无论求学行事，无论大小，差不多都有一个定格，让学生们钻了进去。江苏有一个学校，乃至连学生剪发的事都加规定；他们只许剪平顶。不许剪他种样子，以表示朴实的校风。抱以上这三种见解而从事于教育的人，我也遇过几个。他们有热心与毅力，的确将教育看作一件正正经经的事去办，的确将教育看作一种目的。他们的功绩，的确也不错。我们邻省的教育者，有许多是这种人。但我总觉他们太重功利了，教育被压在沉重的功利下面，不免有了偏枯的颜色。我总觉得"为学"与"做人"，应当并重，如人的两足应当一样长一般。现在一般号称贤明的教育者，却因为求功利的缘故，太重视学业这一面了，便忽略了那一面；于是便成了跛的教育了。跛的教育是不能行远的，正如跛的人不能行远一样。功利是好的，但是我们总该还有超乎功利以上的事，这便是要做一个堂堂的人！学生们入学校，一面固是"求学"，一面也是学做人。一般人似未知此义，他们只晓得学生应该"求学"罢了！这实是一个很重要的误会，而在教育者，尤其如是，一般教育者都承认学生的知识是不完足的，但很少的人知道学生的品格也是不完足的。（其实"完人"是没有的；所谓"不完足"指学生尚在"塑造期"Plastic，无一定品格而言；只是比较的说法。）他们说到学生品性不好的时候，总是特别摇头叹气，仿佛这是不应有的事，而且是无法想的事。其实这与学业上的低能一样，正是教育的题中常有的文章；若低能可以设法辅导，这也可以设法辅导的，何用特别摇头叹气呢？要晓得不完足才需来学，若完足了，又何必来受教育呢？学生们既要学做人，你却单给以知识，变成了"教"而不"育"这自然觉得偏枯了。为学生个人的与眼前浮面的功利计，这原未尝不可，但为我们后一代的发荣滋长计，这却不行了。机械地得着知识，又机械地运用知识的人，人格上没有深厚的根基，只随着机会和环境的支使的人，他们的人生的理想是很模糊的，他们的努力是盲目的。在人生的进路上，他们只能乱转一回，不能向前进行！发荣滋长，如何说得到呢？"做人"是要逐渐培养的，不是可以按钟点教授的。所谓"不言之教"，"无声之诲"，便是说的这种培养的功夫。要从事于此，教育者先须有健全的人格，而且对于教育，须有坚贞的信仰，如宗教信徒一般。他的人生的理想，不用说，也应该超乎功利以上。所谓超乎功利以上，就是说，不但要做一个能干的，有用的人，并且要做一个正直的，坦白的，敢作敢为的人！——教育者有了这样的信仰，有了这样的人格，自然便能够潜移默化，"如时雨化之"了；这其间也并无奥妙，只在日常言动间注意。但这个注意却不容易，比办事严明，讲解详细要难得许多许多，第一先须有温热的心，能够爱人！须能爱具体的这个那个的人；不是说能爱抽象的"人"。能爱学生，才能真的注意学生，才能得学生的信仰；得了学生的信仰，就是为学生所爱。那时真如父子兄弟一家人，没有说不通的事；感化于是乎可言，但这样的爱是须有大力量，大气度的。正如母亲抚育子女一般，无论怎样琐屑，都要不辞劳苦地去做，无论怎样哭闹，只要能够原谅，这样，才有坚韧的爱；教育者也要能够如此，任劳任怨才行！这时教育者与学生共在一个"情之流"中，自然用不着任法与尚严了。法是力量小的人用的；他们不能以全身奉献于教育，所以不能爱——于是乎只能寻着权威，暂资凭借。但权威是冷的，权威所寓的法则也是冷的；它们最容易造成虚伪与呆木的人！操行甲等而常行偷窃的学生，是各校常见的。循规蹈矩，而庸碌无用，但能做好好先生的学生，也是各校常见的。这都是任法尚严的流弊了。更有一件，权威最易造成或增加误会；它不但不能使人相亲相爱，反将使人相忌相恨！我曾见过江苏一个校长，他的热心毅力，我至今仍是佩服。但他任法尚严，却使他的热心毅力一概都埋没了！同事们说他太专，学生们说他太严；没有说他好处的！他于是成了一个孤独的人。后来还起了一次风潮，要驱逐他去职！这就是权威的破坏力！我以为权威绝对用不得；法则若变成自由的契约，依共同的意志而行，那还可存；总之，最要紧的还是人，是人的心！我对于那些号称贤明的教育者所持的功利见解，不以为不好，而以为不够；我希望他们百尺竿头，更进一步！

我的意思，再简单地说一说：教育者须对于教育有信仰心，如宗教徒对于他的上帝一样，教育者须有健全的人格，尤须有深广的爱；教育者须能牺牲自己，任劳任怨。

我斥责那班以教育为手段的人！我劝勉那班以教育为功利的人！我愿我们都努力，努力做到那以教育为信仰的人！

3. 教育破产的救济方法还是教育 [①]/胡适

> 欲要救济教育的失败，根本的方法只有用全力扩大那个下层的基础，就是要下决心在最短年限内做到初等义务教育的普及。

我们中国人有一种最普遍的死症，医书上还没有名字，我姑且叫它做"没有胃口"。无论什么好东西，到了我们嘴里，舌头一舔，刚觉有味，才吞下肚去，就要作呕了。胃口不好，什么美味都只能"浅尝而止"，终不能下咽，所以我们天天皱起眉头，做出苦样子来，说：没有好东西吃！这个病症，看上去很平常，其实是死症。

前些年，大家都承认中国需要科学；然而科学还没有进口，就听见一班妄人高唱"科学破产"了；不久又听见一班妄人高唱"打倒科学"了。前些年，大家又都承认中国需要民主宪政；然而宪政还没有入门，国会只召集过一个，早就听见一班"学者"高唱"议会政治破产""民主宪政是资本主义的副产物"了。

---

① 本文作于 1934 年 8 月 17 日。

更奇怪的是今日大家对于教育的不信任。我做小孩子的时候，常听见人说这类的话："普鲁士战胜法兰西，不在战场上而在小学校里。""英国的国旗从日出处飘到日入处，其原因要在英国学堂的足球场上去寻找。"那时的中国人真迷信教育的万能！山东有一个乞丐武训，他终身讨饭，积下钱来就去办小学堂；他开了好几个小学堂，当时全国人都知道"义丐武训"的大名。这个故事，最可以表示那个时代的人对于教育的狂热。民国初年，范源濂等人极力提倡师范教育，他们的见解虽然太偏重"普及"而忽略了"提高"的方面，然而他们还是向来迷信教育救国的一派的代表。民国六年以后，蔡元培等人注意大学教育，他们的弊病恰和前一派相反，他们用全力去做"提高"的事业，却又忽略了教育"普及"的面。无论如何，范、蔡诸人都还绝对信仰教育是救国的唯一路子。民八至民九，杜威博士在中国各地讲演新教育的原理与方法，也很引起了全国人的注意。那时阎锡山在娘子关内也正在计划山西的普及教育，太原的种种补充小学师资的速成训练班正在极热烈的猛进时期，当时到太原游览参观的人都不能不深刻地感觉山西的一班领袖对于普及教育的狂热。

曾几何时，全国人对于教育好像忽然都冷淡了！渐渐地有人厌恶教育了，渐渐地有人高喊"教育破产"了。

从狂热的迷信教育，变到冷淡的怀疑教育，这里面当然有许多复杂的原因。第一是教育界自己毁坏他们在国民中的信用：自从民八双十节以后北京教育界抬出了"索薪"的大旗来替代了"造新文化"的运动，甚至于不惜教员罢课至一年以上以求达到索薪的目的，从此以后，我们真不能怪国人瞧不起教育界了。第二是这十年来教育的政治化，使教育变空虚了；往往学校所认为最不满意的人，可以不读书，不做学问，而仅仅靠着活动的能力取得禄位与权力；学校本身又因为政治的不安定，时时发生令人厌恶的风潮。第三，这十几年来（直到最近时期），教育行政的当局无力管理教育，就使私立中学与大学尽量地营业化；往往失业的大学生与留学生，不用什么图书仪器的设备，就可以挂起中学或大学的招牌来招收学生；野鸡学校越多，教育的信用当然越低落了。第四，这十几年来，所谓高等教育的机关，添设太快了，国内人才实在不够分配，所以大学地位与程度都降低了，这也是教育招人轻视的一个原因。第五，粗制滥造的毕业生骤然增多了，而社会上的事业不能有同样速度的发展，政府机关又不肯充分采用考试任官的方法，于是"粥少僧多"的现象就成为今日的严重问题，做父兄的，担负了十多年的教育费，眼见子弟拿着文凭寻不到饭碗，当然要埋怨教育本身的失败了。

这许多原因（当然不限于这些），我们都不否认。但我要指出，这种种原因都不够证成教育的破产。事实上，我们今日还只是刚开始试办教育，还只是刚起了一个头，离那现代国家应该有的教育真是去题万里！本来还没有"教育"可说，怎么谈得到"教育破产？"——产还没有置，有什么可破？今日高唱"教育破产"的妄人，都只是害了我在上文说的"没有胃口"的病症。他们在一个时代也曾跟着别人喊着要教育，等到刚尝着教育的味儿，他们早就皱起眉头来说教育是吃不得的了！我们只能学耶稣的话来对这种人说："啊！你们这班信心浅薄的人啊！"

我要很诚恳地对全国人诉说：今日中国教育的一切毛病，都由于我们对教育太没有信心，太不注意，太不肯花钱。教育所以"破产"，都因为教育太少了，太不够了。教育的失败，正因为我们今日还不曾真正有教育。

为什么一个小学毕业的孩子不肯回到田间去帮他父母做工

呢？并不是小学教育毁了他。第一，是因为田间小孩子能读完小学的人数太少了，他觉得他进了一种特殊阶级，所以不屑种田学手艺了。第二，是因为那班种田做手艺的人也连小学都没有进过，本来也就不欢迎这个认得几担大字的小学生。第三，他的父兄花钱送他进学堂，心眼里本来也就指望他做一个特殊阶级，可以夸耀邻里，本来也就最不指望他做块"回乡豆腐干"重回到田间来。

对于这三个根本原因，一切所谓"生活教育""职业教育"，都不是有效的救济。根本的救济在于教育普及，使个个学龄儿童都得受义务的（不用父母花钱的）小学教育；使人人都感觉那一点点的小学教育并不是某种特殊阶级的标记，不过是个"人"必需的东西，——和吃饭睡觉呼吸空气一样的必需的东西。人人都受了小学教育，小学毕业生自然不会做游民了。

中学教育和大学教育的许多怪现状，也不会是教育本身的毛病，也往往是这个过渡时期（从没有教育过渡到刚开始有教育的时期）不可避免的现状。因为教育太稀有，太贵；因为小学教育太不普及，所以中等教育更成了极少数人家子弟的专有品，大学教育更不用说了。今日大多数升学的青年，不一定都是应该升学的，只因为他们的父兄有送子弟升学的财力，或者因为他们的父兄存了"将本求利"的心思勉力借贷供给他们升学的。中学毕业要贴报条向亲戚报喜，大学毕业要在祠堂前竖旗杆，这都不是今日已绝迹的事。这样稀有的宝贝（今日在初中的人数约占全国人口一千分之一；在高中的人数约占全国人口四千分之一；在专科以上学校的人数约占全国人口一万分之一！）当然要高自位置，不屑回到内地去，宁做都市的失业者而不肯做农村的导师了。

今日中等教育与高等教育所以还办不好，基本的原因还在于学生的来源太狭，在于下层的教育基础太窄太小，（十九年度全国高中普通科毕业生数不满八千人，而二十年度专科以上学校一年级新生有一万五千多人！）来学的多数是为熬资格而来，不是为求学问而来。因为要的是资格，所以只要学校肯给文凭便有学生。因为要的是资格，所以教员越不负责任，越受欢迎，而严格负责的训练管理往往反可以引起风潮；学问是可以牺牲的，资格和文凭是不可以牺牲的。

欲要救济教育的失败，根本的方法只有用全力扩大那个下层的基础，就是要下决心在最短年限内做到初等义务教育的普及。国家与社会在今日必须拼命扩充初等义务教育，然后可以用助学金和免费的制度，从那绝大多数的青年学生里，选拔那些真有求高等知识的天才的人去升学。受教育的人多了，单有文凭上的资格就不够用了，多数人自然会要求真正的知识与技能了。

这当然是绝大的财政负担，其经费数目的伟大可以骇死今日中央和地方天天叫穷的财政家。但这不是绝不可能的事。在七八年前，谁敢相信中国政府每年能担负四万万元的军费？然而这个巨大的军费数目在今日久已是我们看惯毫不惊讶的事实了！所以今日最可虑的还不是没有钱，只是我们全国人对于教育没有信心。我们今日必须坚决地信仰：五千万失学儿童的救济比五千架飞机的功效至少要大五万倍！

4. 音乐与教育 [①] / 朱光潜

> 音乐不仅是最原始最普通的艺术，而且是最完美的艺术，
> 可以普及深入一般民众，从根本上陶冶人的性格。

柏拉图写过一个长篇对话，叫作《理想国》，讨论理想的政
治和教育。他知道要一个国家的政治合于理想，先要使它的教育
合于理想，所以他费了大半篇幅谈理想国的统治阶级应该受什么
样一种训练。他所定的课程异常简单。一个人在二十岁以前只消
有两种教育工具，一是体操，一是音乐。至于我们现在的学校里
许多功课，像史地，理化，数学，社会科学，哲学，外国文之类，
他或是完全不讲，或是摆在二十岁以后的课程里。他的教育主张，
在现代人看来，像很奇怪。可是如果你丢开成见，细心去想一想，
你也许会佩服希腊人的思想，和他们的艺术一样，简单虽然简单，
深刻却是深刻。体操讲究好了，身体可以健全；音乐讲究好了，
心灵可以和谐。身心两方面都达到理想的状态，还愁有什么学不

---

① 原载 1943 年 7 月《中学生》杂志第 65 期。

好或是做不好？身心是基本，我们近代人却基本不注意，只在一些肤浅的知识上做功夫，反自以为聪明。许多祸害似都由此起。我们急须回头猛省。

我在另一篇文章里已谈过体育的重要，现在专谈音乐。

音乐是一种最原始最普遍的艺术。飞禽走兽大半都欢喜歌唱，在歌唱中，它们表现生命的富裕和欢乐，同时，它们借歌舞把在生活中所领略得的乐趣传给同类，引起交感共鸣。歌唱在一般动物社会中是一种团结的原动力，它们没有文化传统和制度组织，但是它们一呼百应，一唱百和，全靠这一点声音上的感通。人类在原始阶段也还保持着这本能的音乐嗜好。没有一个原始民族不欢喜歌舞，小孩在个人生命史上相当于原始民族在种族生命史上，欢喜歌舞仍然是天性。人类到了开化以后，小孩到了成年以后，往往逐渐丧失音乐的嗜好，高兴时不放着嗓子唱一曲歌，颓唐时也不拿一种乐器来弹奏一番，哀乐全闷在心里，而且一个人关起来纳闷，生气因之萧索，同情也因之冷淡。这是一个极严重的损失，而且是违反自然本性的。对于这种现象的造成，教育家们要负一大部分责任，他们丢开了人类一个最强烈的本能，一个最有力的教育工具，不去利用。假如他们知道利用，音乐的力量最超出任何学问训练之上。

何以故呢？音乐不仅是最原始最普通的艺术，而且是最完美的艺术，可以普及深入一般民众，从根本上陶冶人的性格。在其他艺术，实质与形式多少可以分别出来，了解实质与了解形式可以分为两事；音乐却完全融化实质与形式的分别，实质即形式，形式亦即实质，内外一致，天衣无缝。所以音乐达到了艺术的最高理想。如果美育是教育中一项要目，美育的最好工具就应该是音乐。音乐虽是顶完美的，却不能算是最困难的艺术，叔本华讲得最清楚，一般艺术都须借意象来表现，例如文学所用的语文意义，图画所用的形色光影；音乐则为意志的直接外射，用不着凭借意象。所以了解其他艺术，我们须假道于理智，比如说，不懂得语文意义，就无从了解文学；音乐则表现最直接，感动也最直接，我们接受声音的刺激，生理上马上就起反响，用不着理智的分析。中国人不一定能了解外国的文学，但是多少可以受外国音乐的感动，因为没有语文的障碍。小孩子和乡下文盲尽管不能读书明理，也多少可以欣赏成年人和音乐家的唱歌奏乐，因为没有知识经验的障碍。音乐是纯从感官打动人心的，耳里听到，心里就起哀乐共鸣。这件事实可以解释音乐的普及性，也可以解释它的深入性。如果要教育的力量普及而又深入，舍音乐还存什么其他途径呢？

音乐对于人生至少有三重大功用。

第一是表现。情感思想都需要发扬宣泄。我们都知道在欢喜时大笑一场，在悲哀时痛哭一场，是一件畅快事。严守一个秘密，心里才感觉不舒服；尤其是感情不能压抑，压抑便引起冲突和苦痛。依近代心理学看，许多精神病都是情感不得宣泄的结果。表现在生气的洋溢。一个人或一个民族到了不需要艺术的表现时，那只有两种可能：一是生气萎竭，一是生气受不了自然的歪曲，向不正常不健康的路途发泄。所以给生气以正常的康健的表现，也就是培养生气。音乐的表现是最正常的康健的表现，因为它是人类的普遍的嗜好，而同时它的命脉在和谐。亚里士多德在《政治学》里谈到古希腊人用一种音乐医精神病。有一种癫狂病，医治的方法是叫病人听一种音乐，听了几回他的情感上的脓疱化消了，病就自然好。亚里士多德把音乐的这种功能叫作 katharsis，这字含有"发散"和"净化"两个意义。音乐对于人的情感不仅能"发散"而且能"净化"，就因为它本身是和谐，对于人的心灵自然能产生和谐的影响。我们有听音乐经验的人都知道在凝神静听之后，全体筋肉脉搏都经过一番和谐的震荡，心灵仿佛在困倦之后洗过一回澡，污垢尽去，血液畅通，有心旷神怡之乐。如果我们不仅是欣赏，自己能歌唱弹奏，除了这种生气洋溢的乐趣以外，我们还可以得到人生最大的快慰，成就一种作品的感觉。我们创造了一个可欣赏的世界，替人类开辟了一种愉悦的泉源，意识到这种力量，就如同创世主在第七天的神情。人能多尝这种创造的快慰，人生便显得华严，而人的品格也就自然会高贵。

其次是感动。音乐直接打动感官，引起生理的反应，所以感人最普及而深入。这道理在上文已说过。中西神话和历史上都有不少的关于音乐感动力的传说。城市有借音乐造成的，也有借音乐毁倒的；胜仗有用音乐打来的，重围有用音乐解去的；美人有借音乐取得的，深交有因音乐结成的；名著有从音乐引起思致的，至道有借音乐证成的。瓠巴鼓琴，游鱼出听；据近代生理学家的实验，对牛弹琴，也并非毫无影响。人类情感有许多花样，每种花样在脉搏呼吸和筋肉运动上都有一个特殊的节奏，特殊的模型，音乐的抑扬顿挫，长短急舒，往往与这种节奏和模型相称。某一种乐调在生理上激起某一种节奏和模型，就引起某一种情调。所以在听音乐时，实在有两种乐调在进行。一是外在的，耳朵听的；一是内在的，听者身体在无意中所表演的。人类生理构造大致相同，所以一个乐调可以在无数听者的心弦上引起交感共鸣，音乐是极强烈的同情媒介，也就因为这个缘故。我们如果想尝广大同情的味道，最好在稠人广众中听音乐。乐声作时，全体听众屏息肃然静听，无论尊卑老幼，乐就都乐，哀就都哀，霎时间不独人我之见泯除净尽，即传统习俗所积累成的层层枷锁也一齐丢开，我们在霎时间回到自由的原始人，沉没到浑然一体的大我。音乐使我们畅快，

大师的国民理想

四围许多人都同时在分享我的感觉，意识到这一点，我们更加畅快。这里没有分别界限，没有恩仇迎拒，我们同是一个阳光煦育的兄弟姐妹，我们皆大欢喜。要群众团结一气，最有效的媒介只有音乐。

第三是感化。感动是暂时的，感化是久远的。音乐由感动至感化，因为它的和谐浸润到整个身心，成为固定的模型（Pat-teia），习惯成为自然，身心的活动也就处处不违背和谐的原则。内心和谐，则一切不和谐的卑鄙龌龊的念头自无从发生，表现于行为的也自从容中节。中国先儒以礼乐立教，就为明白了这个道理。乐的精神在和谐，礼的精神在秩序，这两者中间，乐更是根本的，因为内和谐外自然有秩序，没有和谐做基础的秩序就成了呆板形式，没有灵魂的躯壳。内心和谐而生活有秩序，一个人修养到这个境界，就不会有疵可指了。谈到究竟，德育须从美育上做起。道德必由真性情的流露，美育怡情养性，使性情的和谐流露为行为的端正，是从根本上做起。唯有这种修养的结果，善与美才能一致。明白这个道理，我们就会明白孔子谈政教何以那样重诗乐。诗与乐原来是一回事，一切艺术精神原来也都与诗乐相通，孔子提倡诗乐，犹如近代人提倡美育。他说："诗可以兴可以观，可以群，可以怨。"又说："组柔敦厚，诗教也。"都是看到了诗乐对于情感教育的重要。他不但把诗乐认为教育的基础，而且把它们认为政治的基础，实在政教是不能分离的，世间安有无教之政呢？近代人舍敏而言政，只见得他们愚昧。"颜渊问为邦。子曰，乐则韶舞，放郑声，远佞人"，远佞人还在放郑声之次，我们现在只知道厌恶佞人，其实还有比这更重要的事务——音乐教育。音乐教育上了轨道，佞人也许就不会存在，而政治也不会不清明了。

一个民族的性格常表现于音乐，最显著的是中西音乐的分别。西方音乐偏于阳刚，使听者发扬蹈厉；中国音乐偏于阴柔，使听者沉潜肃穆。这各有所长，我们用不着偏袒。我们所最忧虑的是我国一般民众，尤其是士大夫阶级，大半没有真正的音乐的嗜好。这似乎表现了民族精神的衰落。我个人认为人心的污浊与社会的腐败都种根于此。我每想起柏拉图的教育主张，就深深感觉到我国目前教育须有一个彻底的改革。我们必须普及音乐教育，尤其是要把国乐本身大加一番整理洗刷。这不是宣传可以了事。但是制礼作乐是授业也是美名，容易被宣传者当作一种口号呐喊了事。这是我草此文时心里所栗栗危惧的。大家须拿出一副极严肃的态度来应付这问题，前途才有希望。

作者简介

朱光潜（1897—1986），安徽省安庆市人。中国美学家、文艺理论家、教育家、翻译家。北京大学一级教授、中国社会科学院学部委员，中国文学艺术界联合委员会委员，中国外国文学学会常务理事。

5. 吾国过去教育之检讨 [①] / 傅雷

> 教育的中心思想，一方面固须顾及目前的实际需要，另一方面更须考虑如何承受固有文化，进而创造新文化。

时至今日，任何人都感到吾国的教育已面临严重的关头。辛丑以来，学制教材屡次更改，全国教育会议亦召开多次，而学生成绩反每况愈下，服务效率更日趋低降。长期抗战的结果，整个国家的机构为之动摇，过去筚路蓝缕、惨淡经营的一些薄弱的教育根基，亦破坏殆尽。在此复兴建设、实现民主的口号高唱入云之际，关键所在的教育问题似尚未受到应有的注意。作者不揣谫陋，愿在这方面先做一番粗疏的检讨。但篇幅有限，材料缺如，许多细节未能彻底探讨，观察错误亦属难免，阅者谅之。

一、征象

社会的诟病　公私机关的抱怨人才荒落，久已习闻；不是说技能不足，学识浅薄；便是说学校出身的青年不合实际需要。比

---

① 原载《新语》半月刊第 10 期，1945 年 10 月。

较现代化的企业，纵使用大规模的招考方法，仍不易觅得适当的职员。对于主管事务的观察，判断，应付，固谈不到；甚至寻常文件及计算工作亦多不能胜任。反之，凡大中学生的不良习气，如虚荣、傲慢、希望奢而能力低等，倒应有尽有，使雇主望而生畏，不敢领教。乏于社会人士对学生智识程度与道德水准的慨叹，尤其普遍，毋容赘述。

教育家与教师的苦闷　办学的和当教师的首当其冲，苦闷之深可想而知。他们的观点是：

（一）新生考的程度一届不如一届。倘取舍严格，则学校经济无法维持；倘从宽取录，则程度参差，影响教学，损及校誉。

（二）青年求知欲衰退；即用功学生，亦仅知埋首课本，于真知实学甚少兴味。此点使优良教师大为失望，而以身经五四运动巨潮之教师为尤甚。

（三）社会恶习深入学校；流连于歌场舞榭者固不待言，投机取巧，嚣张横暴之事，皆所习见。师道尊严，破坏无遗。

政府当局的失望　上述种种，胥为十五年来政府痛心疾首之事。民国二十二年下半年起，各校实施军训，后又举办暑期集训。民国二十一年教育部下令各大学停收文法科学生，旋复裁减若干学校之文法科。这两项重要的措施——是整饬风纪，并为国民军训的准备；一是针对社会上人浮于事的现象，同时提倡实科，为建设事业做初步准备。此外，如整顿学风的文告，三令五申，虽不无其他政治作用，亦足见政府改善教育之决心。

学生的痛苦　然而青年本身的痛苦，比之政府社会，实有过无不及。即使平日耽于嬉游的学生，到毕业时也不免为职业的噩梦所扰。至于勤奋的学生，头脑较为清醒，苦闷亦愈甚；举其大者而言：

（一）学科不合社会需要；眼见前辈同学一出校门即成问题的先例，早已不寒而栗。学非所用，用非所学，似乎是现代中国青年命定的悲剧。

（二）平时功课繁重，连预习复习都无暇应付，遑论融会贯通。至于锻炼身体的运动，更无时间可以支配。此种情形，使埋头苦攻的学生疲于奔命，不知自爱的学生更趋荒废。

（三）一部分学科不合青年需要（按青年需要与社会需要未必尽同），一部分教员不能尽职，或竟滥竽充数。

总之，社会各方面都对教育现状深致不满，而且交相指摘，例如：

（一）社会怨人才寥落，青年恨怀才不遇。

（二）教师叹学生的不可教，学生愤教师的敷衍塞责。

（三）青年怨政府不代谋出路，政府指学生不堪任用。

更显著的矛盾是：当局一面认为文法科学生太多；一面又感行政人才缺乏，远在民国二十年之前，即遍设财政、税务、地方自治等各种人员的训练班或养成所，甚至由行政院特设行政效率研究会，足见公务人员的供求不相应。据世界各国通例，大学文法科毕业生，除了从事专门研究和自由职业之外，大多数投身于各级政府机关服务。今吾国一面停收文法科学生，一面另办训练班，养成所，非独矛盾，抑且浪费。

吾国教育界之畸形状态，民国二十年以后逐渐显著，经此战乱，变本加厉，自不足怪。近八年中的教育法令，调查报告，统计数字，泰半阙如，故实际情形，一时甚难明了。但有数点可得而言：

（一）二十八年教育部曾有通令，凡修业期未满之大中学生，在流亡中服务军政机关而有证明文件者，回至原校或转入他校时，均得以服务年期抵充修学年期。此项通令有效期限何时为止，不得而知；当时情势特殊，当局自有苦衷；但于战争初期学生成绩不无重大影响，亦难否认。服务经验确甚宝贵，究不能与学术智识混为一谈，更不能彼此替代。

（二）战前成绩较优之学府，转辗迁徙，元气大伤；非特规模不复当年，图书仪器泰半损失，抑且师资星散，环境大异，不得不降低水准，迁就现实。至战前本属平庸或办理欠佳之学校，八年中与世浮沉，内容更不堪问。

（三）抗战期间，国民道德澌灭殆尽，人格操守，堕落已极；青年血气未定，耳濡目染，尤难把握。投机侥幸，以实学为无用，视学校为过渡之心理，非独遍及学生，即家长亦复如此。沦陷地区之中学生，三年前已在教室内讨论洋烛市价，股票行情；即此一端，可概其余。

（四）社会经济到处枯竭，失学青年与岁俱增；衣食不周，何来余钱购买图书？失学之余，并自修亦不可能。

由此观之，人才恐慌之象，短期内决难消灭，且有益趋严重之势。复兴建设所需要的人才，以量言，较前激增（仅以实行实业计划最初十年内所需各级干部之人才而论，即达二百四十六万人之多，见《中国之命运》页七一）；以质言，较前提高。而近八年的教育造就，以之应付承平时代尚感困难，遑论建国大业与善后工作了。烽火虽熄，来日大难，绝非危言耸听也。

二、剖视

大家知道，教育的落后与腐败，不外政治未上轨道，国民经济贫乏，道德破产，一言以蔽之，客观环境太恶劣。这种说法虽属实情，但容易使人以这些一时无法解决的大题目为借口，而不再进一步探求症结所在。环境固然大不利于教育的发展，但教育的使命就是使人有改造环境的能力。而且教育是与政治、经济、

大师的国民理想

道德等社会活动互为因果的。衣食足而后知荣辱，这句话在乱世愈显得真切；物质生活不安定，谈不到精神生活，更谈不到文化的高下。但物质生活的改善，就需要教育的助力。同是受教育的，谋生技能的高低，逃避天灾人祸的可能性，都随教育程度而转移。若希望政治清明，实现民主，更须以良好而普遍的教育为大前提。教育尽管因政治、经济、道德的崩溃而大受阻碍，但那些阻碍正是教育所要努力排除的目标。唯如此，教育方能贯彻它改造社会的使命。

在探索病源的时候，作者先要声明：教育牵涉的方面太多，列举原因总不免有挂一漏万之弊。以下我们想从解释表面的病象（例如失业问题，人才寥落问题）开始，进而检视教育本身的问题（如学制，课程等）。

外表的原因

（一）欲望与能力的不相称。智识是欲望的酵母。失学儿童与在学儿童相比，已可看出欲望的差别；大中学生和失学青年的欲望更为悬殊。物质享受的要求已经很高，青春期的野心特别强烈，毕业之时，便以为一登龙门，身价十倍，理当平步青云，立致富贵。然而实际的学识修养，先天的秉赋，以及社会的现状，都无法配合这远大的理想。于是在就业之时，高不攀，低不就，终而至于无业。失望之余，不免怨天尤人，以为壮志未酬都是社会压迫所致。而这种郁抑不伸的愤懑，更招致社会的非难，认为大学生非但无能，并且自大。

（二）错认学校教育部分的功能为全部的功能。学校原来只是人生教育的一阶段，离校以后，还需要受终身的社会教育。学校教育应该授予谋生技能，但这种功能仅是它许多功能中间的一种。技能固可谋生，谋生未必尽恃技能。而青年大抵认为学校对于他们将来的生计，应负完全责任。这种错误的希望，与从前士子对科举的希望毫无二致。流弊所及，多数学生抱定实用主义（或趣味主义）：唯自己选定的学科方有价值，因为将来可借以糊口；凡是与此无关的学科皆属无用。理工科学生之厌恶文史等科，文法科学生之诅咒数理学科，虽然还有教材和教学方面的原因，更以误认教育目标为主因。似此情形，所谓陶养身心，研究学识云云，都是徒托空言而已。

（三）社会与当局的误解。然而抱有这些谬误观念的并不限于青年。社会与政府亦误认学校教育为万能；且常苛于责人，宽于责己。社会既未对教育从旁协助，主管当局亦未探求治本之道。若以学非所用而言，往往由于社会的经济状况，工商业的发展阶段，土地政策及一般行政现状，不能和学校培养出来的人才配合。倘政治经济的改革未能立时实现，则应视实际需要重行厘定课程。若以就业困难而言，社会与政府亦当分担一部分责任。便如理工科学生就业初期的工厂实习，文法科学生在服务机关内所需要的指导和训练，大都无从获致。社会既不予便利，教育当局亦未联络其他公私机关妥筹办法。

内在的（教育本身的）原因

（1）学制及课程纲要：自辛丑、壬寅（一九〇一、一九〇二）两学制以来，学制更易已达五次；这些学制之长短优绌，因施行之时甚暂，且吾国近百年来情势变更极速，无法批评。所可断言的，历届更改学制之时，事先未必细究各国学制及其社会情形，更未必充分考虑吾国的特殊情形与固有文化。吾国幅员辽阔，几等全欧；风俗文物之歧异，文化水准之差别，即东南数省之间亦有相当距离，足为编制课程、厘定学制时郑重思考之依据。民初之时，学制仿效日本；民国八年以后，复以美国为蓝本；

迄今为止，能免于东移西植，而确与本国传统密切联系，与吾国国情完全适合之学制，尚付缺如，明乎此，今日教育之病根不难洞见。再若改革学制之时，聚专家于一堂，几经研究，几经辩难，但结果常有出人意料者。例如民国二十八年在重庆召开的全国教育会议中，教育部提案，专科学校修业期限改为三年（原为五年），入学资格改为初中毕业（原为高中毕业）。在此特别提倡技术教育之时，忽然减缩专科学校修业期限，殊为费解。尤可异者，全教会议未经辩论，即予通过。

历观各届学制与课程纲要的变迁，大致有下列几种趋势：

（一）学校教育的全部学年逐渐缩短（光绪二十九年的奏定学堂章程，小学至大学共定二十年；民国十七年国府颁布的新学制定为十六年）。

（二）科目逐渐加多。

（三）课程及作业标准逐渐提高。

（四）教育目标渐趋狭隘。除第四点有关教育哲学，留待后文讨论外，第一、二、三各点在理论上已觉不合逻辑。复按实际，从小学三年级起，教师即无法使学生做到部定的作业标准，因为课程标准与作业标准都大大地超过了学生的智力和精力。如此大量的智识（参看教育法规内中小学各级各科课程及作业标准）在短时期内即使加速灌输，犹恐不及；更无启发辅导等的余暇。以二十一年部颁"高初中各学期每周各科教学及自修时数表"，与"高中各科各级课程标准及作业要项表"对照，即知时数与工作绝对无法配合。

再若细按各科课程标准内容，最显著的缺点是：太高深，太繁琐，太专门，而各学科间又太无联络。以理化课程标准观之，似乎中学生非成为理化专家不可；以造型艺术及音乐课程标准观之，似乎中学生非成为艺术家或音乐家不可。以此类推，中学毕业必为百科全书派之全才。实则各科非但失却联系，且互争指导地位，致理当无所不知的学生反而一无所知。按课程标准过高过繁之弊，当缘（一）起草的人多为各科专家而非有经验有研究之教师；（二）课程标准大都抄袭欧美成例，忽视吾国国情；而于学生之健康、智能与心理的发展阶段，尤未顾及；（三）同一学科在纵的方面毫不连贯；例如小学毕业时未读一字文言，而于初中一年级即须"养成了解平易文言文之能力"；又如初中教师均觉小学生之毕业成绩与初中入学标准相差太远，无法补救。

（2）教材编制：（甲）凡数、理、化、自然，以及世界史地等科，大抵采用欧美教材，或翻译，或编译；选择取舍，漫无标准，且闭门造车，不合实际。外国语文之教科书，迄无善本。小学算术，大体以英国小学教本为模型；不知英国中小学期限不一，与吾国情形更不相宜。（乙）凡自编课本，非陈腐，即浅薄，或艰深；盖亦东抄西摘，而非长期研究之结果。中学国文教本所选近人语体文，语病及文法错误触目皆是。小学五年级之本国史，述及"诗歌发源于骚赋"，可谓荒谬绝伦。同书又有"南北朝时，印度音韵学传入，中国便有切韵与四声的发明"之语，此种专门史实，生吞活剥，徒苦儿童。类此笑柄，各科教材皆不能免，兹仅略举一二而已。

要之，教材编制不出于书店编辑之手，即出于专门学者。书店编辑学识经验，本难胜任；出版者复急功近利，唯知与同业争先，更不容编者认真从事。送部审查，亦仅虚文。故现有教材，大抵不合实用。

（3）设备：各级学校限于经费，图书仪器每多因陋就简。僻远省份，或竟绝无仅有。以聊备一格的设备，应付规模宏大之课程纲要与作业标准，纵有热心认真、学识渊博的教师，亦将徒唤奈何，逢理化生物各科，更有纸上谈兵之苦。

（4）师资：（甲）师范学校自民国二十年以后逐渐裁减，或与中学合并（民国十六年前，各省师范学校甚为发达，尤以江浙两省为成绩卓著）。故师资之来源骤减，而品质亦骤降。盖师范教育性质特殊，绝不能在普通中学内分科兼办。（乙）公私学校经费，皆极拮据；教师待遇菲薄，生计为难，不得不敷衍塞责，以便兼课或兼营副业。素有学养之辈，学而优则仕，又多中途改业。（丙）反之，凡学校出身而无业可就的青年，皆以教书为唯一出路。是以真正的师资日缺，而候补的教员日增：滥竽充数，堂堂学府几与慈善救济机关无异。（丁）政治党派的斗争弥漫教育界，师生或交相结纳，或彼此排挤。学生一旦离校入世，又挟此风气而广为传播；循环影响，国家前途实难想象。

三、结论

以上的分析还没触及问题的核心，我们当进一步探求更深刻的原因。

一、思想方面：缺乏教育哲学　教育的中心思想，一方面固须顾及目前的实际需要，另一方面更须考虑如何承受固有文化，进而创造新文化。前者仅为一时的便利，后者方为真正的建设。十年树木，百年树人，教育家的目光应当如何远大！在固有文化未曾整理就绪，对西方文化未知取舍之时，要求确定一种教育哲学，当然过早。民国以来，世界思潮千变万化，动荡不已，诚令人有手足无措之感。反顾旧有传统，或遭唾弃，或被破坏，立身处世，尽失准绳。但道德之重建，传统之估价，外来学说之研究，原为教育分内之事。故教育哲学即须由教育本身促成。纵今日思想界青黄不接，混乱扰攘，亦当有一保存民族特性、多留发展余地、培养自由思想的教育原则，以资过渡。民国十八年国府公布的教育宗旨，于东西文化之融合，个人与社会国家之关系，虽已兼筹并顾，究嫌政治色彩过浓，以青年身心发展之阶段而论，仍恐害多利少。三民主义作为政治的原则，或已尽善尽美；但以之为国民教育的中心思想，是否有当，不无疑问。大中学公民训练之侧重党政学识与社会科学，是否较纯粹的人格训练为优胜，正恐不易遽下结论。以事实而论，今日大中学生对于党政之认识与热忱，反远不及北伐前后，教育未革新时代之青年。尤甚者，多数学生视党义课程如教会学校之圣经课，教师学生俱抱敷衍了事之心：是岂提倡党化教育者始料所及？

二、实践方面：教育机构与物质条件的悬殊 学校教育，在吾国实在是外来制度，试看下列一些年代的计算，即可明了：

一八六二（同治元年）设立同文馆——一九〇〇（光绪二十六年）开办京师大学堂，相距三十八年；一八七七（光绪三年）派遣留学生于英法——开办京师大学堂，相距三十三年。

从首倡新学到成立最高学府（当时的京师大学堂其实只是好几个学术机关的总汇），历时之久，发展之缓，固然大部分因为清廷闭塞，但人才不足，亦为重大原因。民国以后，三十年（因战后学校停顿，故以三十年为言）中增设的公私立大学，不下五十余所；虽云此三十年之进步，远过前清末叶；但膨胀之速，究亦远过实际能力。当人才物力仅能办一二所完全大学时，即已扩为五所十所；仅能就原校加以充实时，即已另创新校。于是小学教员被召为中学教师，中学教师被召为大学教授。甚至初中尚未卒业的青年，即已充任小学教员。似此情形，欲求提高文化，昌明学术，不啻南辕而北辙。然而事势推移，客观之要求日益迫切：学校教育而外，平教义教亦刻不容缓。师资日绌，而学龄儿童与升学青年之数激增。

这种教育方面的供求不相应，正如财政收支的不平衡同为吾国今日最大的难题。

本文所述，不过就作者见闻所及，将过去吾国教育之缺陷列一纲目，略加检视而已。至于如何改善，既非作者鄙陋所敢置喙，恐亦非少数专家所能奏效。挽回颓风，革新教育，愿社会贤达共起图之。

作者简介

傅雷（1908—1966），字怒安，号怒庵，翻译家、文艺评论家。20世纪60年代初，傅雷因在翻译巴尔扎克作品方面的卓越贡献，被法国巴尔扎克研究会吸收为会员。

6. 大学与学术独立 [①] / 冯友兰

> 对于大大学，国家社会要持不干涉的态度。学问越进步，分工越细密。对于每一门学问，只有研究那一门的专家有发言权。

　　在珍珠港之役以后，短时期内，日本确是已建立了一个历史上不多见的海陆大帝国，可是不数年间，这个大帝国便又土崩瓦解，日本的失败真是彻底。他惹起了这一次世界大战，结果是他不但没有得到什么利益，而且连老本钱也输了个精光。我们不能说，日本的军事当局，都是不会打算盘的。不过在他们的如意算盘中，确是有一个因素，他们没有算上，这个因素就是新的作战工具的发明。他们的战略，都是根据这次大战以前的作战工具设计的，可是没有想到在这次大战中，有许多新的作战工具发明，而原子弹的出现，更是这许多发明中的登峰造极。随着新作战工具来了新战略，新战略改变了全盘的战局。这是日本军事当局所预先没

---

① 本文作于 1945 年。

有想到的。

新作战工具是新的知识的产品。同盟国的胜利是知识的胜利。现在的世界是斗智的世界。谁要知识落伍，谁就要归天然的淘汰。

中国现在号称为世界强国之一。在形势上说，我们确切是得了成为世界强国之一的机会，这个机会是以前未曾有的。假使失去了它，以后也许永远不会再有的，这个机会是一个空前绝后机会。我们必须利用它，努力充实我们自己，使我们能够真正成为世界强国之一。要达到这个目的，我们就要做许多事情，其中最基本的一件，是我们必须做到在世界各国中，知识上的独立，学术上的自主。日本自明治维新以来，国力虽然日益强大，但是没做到真正知识学术自主独立的地位。这就是他的失败根源。

教育部不久就要召集全国教育善后复员会议。我们希望与会诸位，要放大眼光，来替国家定下知识学术独立自主的百年大计。目的急要决定的，就是要树立几个学术中心。其办法是把现有的几个有成绩的大学，加以充分的扩充，使之成为大大学。

说到大学，有些人以为不过是比中学高一级的学校而已。这种意见，我们不能说是完全不对，但确不是完全对。大学一方面是教育机关，一方面是研究机关。它不但要传授已有的知识，而并且要产生新的知识。它应当是一代知识的宝库。它对于人类的职务，真正是所谓继往开来。从前人说：一事不知，儒者之耻。现在应当说一事不知，大学之耻。

从前一个三家村的教书先生，实际上有两重任务。一重任务是教学生读书，一重任务是当那一村子里人的知识顾问。那一村里人在知识上有什么不能解决的问题，都要去请教他。一个真正的大学，在一国家里的地位，也正是如此。它应该是一个专家集团，里面应该是什么专家都有。这一种专家集团，是国家的智囊团，教育学生，也是这些专家的职务，但不是他们的唯一的职务。

我所谓大大学就是这一类的大学。我说大大学，因为在世界各国中，不见所有的大学都能负起这个任务。事实上有些大学真不过是比中学高一级的学校，严格地说，这些大学，不应该称为大学，不过事实上他们也称为大学，所以我们可以称真正的大学为大大学。在世界各国中，不见得所有的大学都是大大学，但在世界的强国中，每一个强国都必有几个大大学。

我们要成为一个真正的世界强国，我们必须集中人力财力，把几个已有成绩的大学扩充起来，使他们能够包罗万象，负起时代使命。万不可用所谓平均发展的政策，使现在所有的大学都弄到不大不小，不高不低的样子。当然我们也不反对所谓平均发展。不过这应该是以后的事。我们首先需要的，是建立学术中心。有了这个中心，然后学术界才有是非的标准，一国的学术水准才能提高。对于这些大大学，政府及社会，应持的态度，有以下几点要说。

一是对于大大学尽量予以财政上的支持。大大学既然是包罗万象，成为一代知识的宝库，其中的组织，必然极复杂，所用的人，一定是很众多。而现代学问，研究起来，又是很耗费的事情。原子的重要，大家都知道，但是大家也不要忘记，单是美国这几年研究原子弹的费用，就是二十万万美元，所以一个大大学的费用，一定是很庞大的。关于这一点，我们也要请社会中的人注意。社会上似乎以办大学是一件很容易的事情。某某人死了，办一个大学纪念他。其实很少有人值得用办大学纪念。而办大学纪念一个人，也不是容易的事。你想纪念一个人的时候，最方便而又妥当的办法，是在你认为好的大学中设一个基金，添一个讲座。这样，你纪念了你所要纪念的人，而同时也帮助了你所认为好的大学发展。这样的捐助，集腋成裘，可以使一个大学成为大大学。世界上有许多大大学，都是这样成功的。

二是对于大大学不可有急功近利的要求。学术知识，对于人生的功用，不是短时间之内所能看出来的。也许有些是永远看不出来的，因为有些功用是无形的。一个大大学中，必需有许多很冷僻的学问。因为他要包罗万象，而有许多学问，无论在何时何地，都是冷僻的，然而维持这些学问的研究，正是大大学的责任。因为所谓"红"的学问，例如经济，工程之类，银行，工厂都会提倡。在工业化的国家，哪一个银行工厂里，都有大规模的研究室。所谓冷僻的学问，是要专靠国家提倡的。大家在大大学里维持这种学问于不坠，有没有有形的功用，以至于学这种学问的学生是多或少，国家社会都不必介意。

三是对于大大学，国家社会要持不干涉的态度。学问越进步，分工越细密。对于每一门学问，只有研究那一门的专家有发言权。大大学之内，每一部分的专家，怎样进行他们的研究，他们不必使别人了解，也没有法子使别人了解。在他们的同行当中，谁的成绩好，谁的成绩坏，也只有他们自己可以批评。所有国家社会，要与他们研究自由，并且要与他们以选择人才的自由。每一个大大学都应该是一个所谓"自行继续"的团体。这就是说一个大大学的内部的新陈代谢都应该由他自己处理。由他自己淘汰他的旧分子，由他自己吸收他的新分子，外边的人，不能干涉。若要干涉，那就是所谓"教玉人雕琢玉"了。

一个国家，必须有些大大学，而大大学必须在这些情形下，才能发展。我们的国家得了空前的胜利。建国的计划，也必须空前的伟大，才可以与我们机会环境相配合。建立大大学应该是这种伟大计划的一部分。

作者简介

冯友兰（1895—1990），河南南阳人，著名哲学家。历任中州大学（现河南大学）、广东大学、燕京大学教授，清华大学文学院院长兼哲学系主任，其哲学作品为中国哲学史的学科建设做出了重大贡献，被誉为"现代新儒家"。

7. 论学术的空气 [①]/朱自清

> 人们不该还是躲在象牙塔或象牙实验室里，得正视现实的
> 人生，在自己的岗位上促进新的发展，而这也才是做。

现在还常有人说北方的学术空气浓厚，或者说他喜欢北方的
学术的空气。这是继续战前的传统的看法，也牵涉所谓"京派"
和"海派"的分别。战前所谓"京派"大概可以说是抱着为学术
而学术的态度，所谓"海派"大概不免多少为名为利而撰作。但
是这也只是一个"大概"的分别，如果说到各个人，却尽介例外。
一方面就战前，中央研究院南迁了，北平的旧书铺在南京上海开
分店了，学术的空气已经在流动之中。战时大家到了西南，抗战
的空气笼罩了学术的空气，然而四川的重庆、李庄和成都，以及
桂林和昆明，以及上海，都还能够多少继续着学术的工作。到了
战后这两年，起先是忙于复员，接着是逼于战乱，学术的工作倒
像是停顿起来。北平各大学去年复原以后，其中有些人在各报上
办了不少的学术性的副刊，大概是文史方面的；乍看比战前的学

---

① 本文作于 1947 年 8 月 30 日。

术空气似乎还浓厚些，其实不然。这些副刊里的论文其实应该发表在学报上，因为没有钱出学报，才只好委屈在副刊上，撑撑场面，爱读和能读的人恐怕只是那么些个。这些论文都不免"历史癖与考据癖"，是足谓"京派"的本来面目。这种面目却也出现在南方一些报纸的副刊上。一方面所谓"海派"却扩大了、变质了，趋向为人生而学术，为人民而学术。在青年人的眼中，新的"海派"似乎超过了老的"京派"。但是无论南北，不管"京""海"，在这漫天战火之下，总有一天会"火烧眉毛，且闻眼前"将学术丢在脑后的吧？而这个似乎已经是现在一股青年学生的态度。青年是我们的下一代，他们的这种态度，我们不能无视，我们得看看学术的前路。

战前的十年来，我们的学术确在长足地进步。中央研究院和一些大学的研究院的工作都渐渐有了分量。于是没有研究院的大学都纷纷设立研究院，一些独立的研究机构也或多或少地在外国人资助之下办起来了。于是研究的风气盛极一时，学术空气浓厚到无视大学本科教学。笔者曾亲耳听见一位新从外国回来在大学里任教的一位教授说："我们要集中研究的工作，教书不妨马虎些。"社会贤达在提值书院制，因为书院里可以自由研究，不必论钟点、算学分。大学生也异口同声要在毕业后进研究院继续读书。那时候教授俨然分为两等，研究教授第一等，大学教授第二等。知识或学术的估价算是到了最高峰。这也未尝不是好现象，结果无论在人文科学或自然科学方面都有了新发展。然而理论上似乎总欠健全些。研究得有基础，大学里的训练不切实，研究的风气是不会持久的。再说现代一般的大学教育是大量的教育，要培植各方面的领导人才，不应该也不可能专门培养学者或专家。在仿效美国学制的中国，没有多少专科学校，一般人也不着重专科学校，大学的政策更不该偏到

106
大师的国民理想

一边儿去。事实上大学毕业生虽然热心进研究院，等到考进了研究院，热心研究的却并不多。他们往往一面注了册，一面就去就业。有些长期不到校，"研究生"只剩了一个幌子。这样半途而废或从未上路的很多，能够在研究院毕业的却很少。北方如此，南方更如此。至于具体的书院制，我们这个工业化的动的现代不需要，也未必能容纳。现代的研究，就是在人文科学方面，也得有个广大而结实的基础，书院是不能负担这个任务的。尤其是就业，青年人在书院里修业告一段落之后，单就资历而论，自然赶不上大学，不用说研究院，在训练方面，一般地说，恐怕也是如此。在这种不上不下的尴尬的局面里，找出路一定很难。我们看了过去的和现存的几所仅有的书院的情形，就可明白。

战前的过分浓厚的学术的空气使有些人担忧，他们觉得人文科学和自然科学走上"缓慢而费力的"的"窄而深"的路，固然可喜，可是忽略了"全体大用"，也不是正办，特别是人文科学。因此有的人主张大学应该造就的是通才，不是专家，有的人主张知识固然重要，更重要的是做人。这些主张渐渐地采用到大学的课程和制度之中，然而这时候的青年学生并不注重这些，他们要的是专业的知识，这种知识可以使他们便于就业，或者早些成为专家。便于就业就是急于应用，这显示了一个新方向；外患日深，生活逼得人更紧，研究的憧憬黯淡起来了。于是乎来了抗战。差不多所有的大学和研究机关都迁到了西南，生活的艰难和设备的贫乏使得研究的工作几乎不可能，特别是自然科学。然而大家还多多少少在挣扎着。可是这真到了急于应用的时代，教育部制定了提倡理工的政策，大学生集中在经济学系和工学院，特别是工学院，人数似乎一年比一年多。一方面又有了许多的训练班和专修科出现。这种普遍的注重应用，更冷落了研究工作，稀薄了学术空气。

一方面在美国也有人在控诉那学术至上的态度。拜喀尔的《美国教师》一书中有一章"象牙实验室"批评自然科学研究者只知研究不知其他，颇为恳切。"象牙实验室"是套的"象牙之塔"那个词，指摘人们的逃避现实生活的态度。这是在重行估定知识成学术的价值。这种估价得参照理论与应用，现实与历史，政治与教育等错综的关系来决定。美国也有人如布里治曼相信该由知识阶级来计划领导这世界。但是那需要什么知识呢？知识阶级是不是有这个力量呢？问题真太多了！

胜利来了，不幸的我们是"惨胜"。一切都"惨"，研究工作不能例外。生活更是越来越艰难，大家仍然只能嚷着调整待遇，不能专心工作。少数的大学和研究机关，设备也许比抗战中好些，但是单单设备好些不成。何况还是设备贫乏的居多数！学生有公费，固然可以勉强维持生活，但是在这动乱的局面里，还是不能安心读书。他们可要领导起人民来创造一个新中国！这和布里治曼说的领导并不相同，那似乎是专家独占的领导，这些青年人却是自己作为一般人民领导着。应该注意的是他们对于知识或学术的态度。他们要的是什么知识呢？他们喜欢不喜欢学术空气呢？如上文提到的，他们大概不喜欢学术的空气；他们要的是行动的知识，而大学教育里却没有。他们热心于救国，觉得大学里面的知识永远不救近火，似乎大部分没用；可是他们是大学生，不学这些又学什么呢？他们就生活在这矛盾里。一方面战争老没个完，他们照着规定的学了，却比抗战前抗战中更看不到出路。这又是一个矛盾。十来年前上海早就有几位提出"学问无用论"，现在的大学生大概多多少少是觉得"学问无用"的。我知道有些高才的大学生最近或者放弃了学术投身到政治的潮流中去，或者彷徨不安，面对着现实的政治，不忍心钻到象牙塔或是象牙实验室中

大师的国民理想

去。这真是我们学术的损失，然而实逼此，他们的心情是可以谅解的。

有些人说过这时代是第二回的战国时代。战国虽然是动乱时代，然而经济发展，有欣欣向荣之势，所以百家争鸣，学术极盛。照现时这"惨胜"的局面看，我们却想到了三国时代。

《魏书·王肃传》裴松之注引鱼豢的《魏略》这么说：

> 从初平之元至建安之末，天下分崩，人怀苟且，纲纪既衰，儒道尤甚。至黄初元年之后，新主乃复始扫除太学之灰炎，补旧石碑之缺坏，备博士之员录，依汉甲乙以考课。申告州郡，有欲学者皆遣谓太学。太学始开，有弟子数百人。至太和青龙中，中外多事，人怀避就；虽性非解学，多求请太学。太学请生有千数。而诸博士率皆粗疏，无以教弟子；弟子本亦避役，章无能习学，冬来春去，岁岁如是。又虽有精者，而台阁举格太高，加不念统其大义，而问字指墨法点注之间。百人回试，度者未十。是以志学之士遂复陵迟，而末求浮虚者各竞逐也……嗟夫！学术沉陨，乃至于是！

这些情形有些也描写了我们的时代，然而不尽同。我们并不至于"人怀苟且"，"竞逐""浮虚"；那时学术的中心在一些家族，大学这是个避役所，我们的学术中心还在大学，这些社会化的大学还在起着领导作用。即使不幸动乱变成了混乱，大学暂时解体，但是相信和平一恢复，就会快快复员的。因为什么样的局面都需要大量的领导人的，训练班和专修科是不能供给这种领导人才的。像鱼氏描写的"学术沉陨"，我们相信不会到那地步。但是大学也得明白在这时代的地位和任务，不能一味地襞积细微，要能够"统其大义"，也就是"全体大用"。人们不该还是躲在象牙塔或象牙实验室里，得正视现实的人生，在自己的岗位上促进新的发展，而这也才是做。

这种新的学术空气虽然一时不能浓厚起来，却是流通的、澄清的，不至于使我们窒息而死于抱残守缺里。

8. 东西人的教育之不同 [1] / 梁漱溟

> 十年岁杪，借年假之暇，赴山西讲演之约，新年一月四日，
> 在省垣阳曲小学为各小学校教职员诸君谈话如此。《教育
> 杂志》主编者李石岑先生来征文，仓卒无以应；姑即以此
> 录奉。稿为陈仲瑜君笔记。

记得辜鸿铭先生在他所作批评东西文化的一本书所谓《春秋
大义》里边说到两方人教育的不同。他说：西洋人入学读书所学
的一则曰知识，再则曰知识，三则曰知识；中国人入学读书所学
的是君子之道。这话说得很有趣，并且多少有些对处。虽然我们
从前教人作八股文章算得教人以君子之道否，还是问题；然而那
些材料——《论语》《孟子》《大学》《中庸》——则是讲的君
子之道。无论如何，中国人的教育总可以说是偏乎这么一种意向
的。而西洋人所以教人的，除近来教育上的见解不计外，以前的
办法尽是教给人许多知识：什么天上几多星，地球怎样转，……。

---

① 录自《漱溟卅前文录》，商务印书馆，1923 年。

现在我们办学校是仿自西洋，所有讲的这许多功课都是几十年前中国所没有，全不曾以此教人的；而中国书上那些道理也仿佛为西洋教育所不提及。此两方教育各有其偏重之点是很明的。大约可以说，中国人的教育偏着在情志的一边，例如孝悌……之教；西洋人的教育偏着知的一边，例如诸自然科学……之教。这种教育的不同，盖由于两方文化的路径根本异趣；它只是两方整个文化不同所表现出之一端。此要看我的《东西文化及其哲学》便知。昨天到督署即谈到此。有人很排斥偏知的教育，有人主张二者不应偏废。这不可偏废自然是完全的合理的教育所必要。

我们人一生下来就要往前生活；生活中第一需要的便是知识。即如摆在眼前的这许多东西，哪个是可吃，那个是不可吃，哪是滋养，哪是有毒，……都需要知道，否则，你将怎么去吃呢？若都能知道，即为具有这一方面的知识，然后这一小方面的生活才对付的下去。吾人生活各方面都要各有其知识或学术才行，学问即知识之精细确实贯串成套者。知识或学问，也可出于自家的创造——由个人经验推理而得，也可以从旁人指教而来——前人所创造的教给后人。但知识或学问，除一部分纯理科学如数理论理而外，大多是必假经验才得成就的；如果不走承受前人所经验而创造的一条路，而单走个人自家的创造一路，那一个人不过几十年，其经验能有几何？待有经验，一个人已要老死了，再来一个人又要从头去经验。这样安得有许多学问产生出来？安得有人类文明的进步？所谓学问，所谓人类文明进步实在是由前人的创造教给后人。如是继续开拓深入才得有的，无论是不假经验的学问，或必假经验的学问都是如此；而必假经验助学问则尤其必要。并且一样一样都要亲自去尝试阅历而后知道如何对付，也未免太苦、太不经济，绝无如是办法。譬如小孩子生下来，当然不要他自去尝试哪个可吃，哪个不可吃，而由大人指教给他。所以无论教育的意义如何，知识的授受总不能不居教育上最重要的一端。西洋人照他那文化的路径，知识方面成就的最大，并且容易看得人的生活应当受知识的指导，从苏格拉底一直到杜威的人生思想都是如此。其结果也真能做到各方面的生活都各有其知识，而生活莫不取决于知识，受知识的指导，——对自然界的问题就有诸自然科学为指导，对社会人事的问题就有社会科学为指导。这虽然也应当留心他的错误，然自其对的一面去说，则这种办法确乎是对的。中国人则不然：从他的脾气，在无论哪一项生活都不喜欢准据于知识；而且照他那文化的路径，于知识方面成就得最鲜，也无可为准据者。其结果几千年到现在，遇着问题——不论大小难易——总是以个人经验、意见、心思、手腕为对付。即如医学，算是以其专门学问了，而其实、在这上边尤其见出他们只靠着个人的经验、意见、心思、手腕去应付一切。中国医生没有他准据的药物学，他只靠着他用药开单的经验所得；他没有他准据病理学、内科学，他只靠着他临床的阅历所得。由上种种情形互相因果，中国的教育很少是授人以知识，西洋人的教育则多是授人以知识。但人类的生活应当受知识的指导，也没有法子不受知识的指导；没有真正的知识，所用的就只是些不精细不确实未得成熟贯串的东西。所以就这一端而论，不能说不是我们中国人生活之缺点。若问两方教育的得失，则西洋于此为得，中国于此为失。以后我们自然应当鉴于前此之失，而于智慧的启牖、知识的授给加意。好在自从西洋派教育输入，已经往这一边去做了。

情志一面之教育根本与知的一面之教育不同，即如我们上面所说知的教育之所必要，在情志一面则乌有。故其办法亦即不同。知的教育固不仅为知识的授给，而尤且着意智慧的启牖。然实则无论如何，知识的授给，终为知的教育最重要之一端；此则与情志的教育截然不同之所在也。智慧的启牖，其办法与情志教育或不相远；至若知识的授给，其办法与情志教育乃全不相应。盖情志是本能，所谓不学而能，不虑而知的，为一个人生来所具有无缺欠者，不同乎知识为生来所不具有；为后天所不能加进去者，不同乎知识悉从后天得来（不论出于自家的创造或承受前人，均为从外面得来的、后加进去的）。既然这样，似乎情志既不待教育，亦非可教育者。此殊不然。生活的本身全在情志方面，而知的一边——包括固有智慧与后天的知识——只是生活之工具。工具弄不好，固然生活不好，生活本身（即情志方面）如果没有弄得妥帖恰好，则工具虽利将无所用之，或转自贻戚；所以情志教育更是根本的。这就是说，怎样要生活本身弄得恰好是第一个问题；生活工具的讲求固是必要，无论如何不能不居于第二个问题。所谓教育不但在智慧的启牖和知识的创造授受，尤在调顺本能使生活本身得其恰好。本能虽不待教给、非可教给者，但仍旧可以教育的，并且很需要教育。因为本能极容易搅乱失宜，即生活很难妥帖恰好，所以要调理它得以发育活动到好处；这便是情志的教育所要用的工夫——其工夫与智慧的启牖或近，与知识的教给便大不同。从来中国人的教育很着意于要人得有合理的生活，而极顾虑情志的失宜，从这一点论，自然要算中国的教育为得，而西洋人忽视此点为失。盖西洋教育着意生活的工具，中国教育着意生活本身，各有所得，各有所失也。然中国教育虽以常能着意生活本身故谓为得，却是其方法未尽得宜。盖未能审察情的教育与知的教育之根本不同，常常把教给知识的方法用于情志教育。譬如大家总好以干燥无味的办法，给人以孝悌忠信等教训，如同教给他知识一般。其实这不是知识，不能当作知识去授给他；应当从怎样使他

大师的国民理想

那为这孝悌忠信所从来之根本（本能）得以发育活动，则他自然会孝悌忠信。这种干燥的教训只注入知的一面，而无甚影响于其根本的情志。则生活行事仍旧不能改善合理。人的生活行动在以前大家都以为出于知的方面，纯受知识的支配，所以苏格拉底说知识即道德；谓人只要明白、他做事就对。这种思想，直到如今才由心理学的进步给它一个翻案。原来人的行动不能听命于知识的。孝悌忠信的教训，差不多即把道德看成知识的事。我们对于本能只能从旁去调理它、顺导它、培养它，不要妨害它、搅乱它，如是而已。譬如孝亲一事，不必告诉他长篇大套的话，只须顺着小孩子爱亲的情趣，使他自由发挥出来便好。爱亲是他自己固有的本能，完全没有听过孝亲的教训的人，即能由此本能而知孝亲；听过许多教训的人，也许因其本能受妨碍而不孝亲。在孔子便不是以干燥之教训给人的；他根本导人以一种生活。而借礼乐去调理情志。但是到后来，孔子的教育不复存在，只剩下这种干燥教训的教育法了。这也是我们以后教育应当知所鉴戒而改正的。还有教育上常喜欢借赏罚为手段去改善人的生活行为，这是极不对的。赏罚是利用人计较算账的心理而支配他的动作：便使情志不得活动，妨害本能的发挥；强知方面去做主，根本搅乱了生活之顺序。所以这不但是情志的教育所不宜，而且有很坏的影响。因为赏罚而去为善或不作恶的小孩，我以为根本不可教的；能够反抗赏罚的，是其本能力量很强，不受外面的搅乱，倒是很有希望的。

9. 我对未来教育的几点希望 ^①/季羡林

大
师
的
国
民
理
想

> 知识经济以智力开发、知识创新为第一要素，不大力振兴
> 教育，焉能达到这个宏伟的目标？

　　教育为立国之本，这是中国两千多年来的历代王朝都执行的
根本大法。在封建社会，帝王的所作所为，无一不是为了巩固统治，
教育亦然。然而，动机与效果往往不能完全统一。不管他们的动
机如何，效果却是为我们国家培养了一批批人才，使我国优秀文
化传承几千年而未中断。

　　今天，时移世迁，已经换了人间。教育为立国之本的思想，
深入人心。我们政府提出了科教兴国的方针，受到了全国人民的
热烈拥护。把教育的重要性提高到兴国的高度，可以说前承千年
传统，后开万世太平。特别是在今天知识经济正在勃然兴起的大
时代中，教育更有其独特的意义。知识经济以智力开发、知识创

---

① 本文作于 1999 年 2 月 21 日。

新为第一要素，不大力振兴教育，焉能达到这个宏伟的目标？但是，我要讲一句实话，我们的振兴教育，谈论多于行动。别的例子先不举，只举一个教育经费在国民总收入中所占的百分比之低，就很清楚了。我们教育所占的百分比，不但低于发达国家，在发展中国家中也是比较低的。这让很多人难以理解。我们国家正在努力建设，用钱的地方很多，这一点谁都理解，没有人想苛求；但是，既然把教育的重要性提高到那样的高度，教育经费却又不提高，报纸上再三辩解，实难令人信服。现在，据我了解所及，全国各类学校经费来源十分庞杂，贫富不均的程度颇为严重。大学的党委书记和校长，主要任务是"找钱"，连系主任的主要任务也是"创收"。如果创入不力或不利，奖金发不出去，全系教员就很难团结好。学校的根本任务是教学和科研，是出人才，出成果。现在却舍本而逐末，这样办教育，欲求兴国，盖亦难矣。因此，我对未来教育的第一个希望就是切切实实地增加教育经费。

我的第二个希望是重视大、中、小学生的人文素质教育和伦理道德教育。现在我们中华民族的一般道德水平，实不能尽如人意。年轻的学生在这个大气候下，思想水平也不够高。他们对世界，对人生的看法，在像我这样的思想保守的老顽固眼中，有时实在难以理解，现在，全世界正处在一个巨大转变中，每个人都会受到影响的，特别是青年人，他们敏感易变，受的影响更大。日本据说有一个新名词"新人类"，可见青老代沟之深。中国也差不多。我在中外大学里待了一辈子；可是对眼前中国大学生的思想、情感等，却越来越感到陌生。他们的一些想法和做法，有时候让我目瞪口呆。在我眼中，有些青年人也仿佛成了"新人类"了。

救之之法，除了教育以外，实在也难想出别的花招。根据我的了解，现在大学里的思想教育课，很难说是成功的。一上政治课，师生两苦，教员讲起来乏味，学生听起来无味。长此以往，不知伊于胡底！

我个人认为，抓学生思想教育，应该从小学抓起。回想我当年上小学时，有两门课很感兴趣，一门叫作公民或者修身，一门叫作乡土。后一门专讲本地的山川、人物、风土、人情。近在眼前，学生听起来有趣又愿听。讲爱国从爱乡开始，是一个好办法。

至于公民这一门课，则讲的都是极简单的处世做人的道理，比如热爱祖国，孝顺父母，尊敬老师，和睦同学；讲真话，不说谎话；干好事，不做坏事；讲公德，不能自私；帮助别人，不坑害别人；要谦虚，不能骄傲，等等，等等，都是些平常的伦理规范。听说现在教小学生也先讲唯心与唯物，存在与意识，物质与精神，小学生莫名其妙，只能硬背。这能收到什么效果呢？显而易见，什么好效果也是收不到的。到了中学和大学，依然是这一套，结果就是我在上面说到的师生两难。现在全国都在谈要重视学生的素质教育，足见这个问题已经引起了广泛的注意。这无疑是一个好现象。但是，我总觉得，空谈无补于实际，当务之急是采取适当的行动，才能走出目前的困境。

我对未来教育的希望，当然不只这两点。但限于目前的时间，我只能先提出这两点来，供有关人士，特别是政府主管教育的部门参考，一得之愚，也许还有可取之处吧。

第三篇
国民文化与学术

学问的生长是有机体的生长，必须有一个种子或幼芽做出发点，这种子或幼芽好比一块磁石，与它同气类的东西自然会附面上去。联想是记忆的基本原则，所以知识也须攀亲结友。一种新来的知识好比一位新客走进一个社会，里面熟人愈多，关系愈复杂，牵涉愈广，他的地位也就愈稳固。如果他进去之后，不能同任何人发生关系，他就变成众所同弃的人，绝不能久安其位，或是尽量发挥他的能力，有所作为。

1. 文学进化观念与戏剧改良 [①]/胡适

大师的国民理想

> 取人之长，补我之短；扫除旧日的种种"遗形物"，采用西洋最近百年来继续发达的新观念，新方法，新形式，如此方才可使中国戏剧有改良进步的希望。

去年我曾说过要做一篇《戏剧改良私议》，不料这一年匆匆过了，我这篇文章还不曾出世。于今《新青年》在这一期正式提出这个戏剧改良的问题，我以为我这一次恐怕赖不过去了。幸而有傅斯年[②]君做了一篇一万多字的《戏剧改良各面观》，把我想要说的话都说了，而且说得非常明白痛快；于是我这篇《戏剧改良私议》竟可以公然不做了。本期里还有两篇附录：一是欧阳予倩[③]君的《予之戏剧改良观》；一是张穆子君的《我的中国旧戏观》。此外还有傅君随后做的《再论戏剧改良》，评论张君替旧

---

① 原载 1918 年 10 月 15 日《新青年》第 5 卷第 4 号。

② 傅斯年（1896—1950），山东聊城人，著名历史学家、教育家、学术领导人，五四运动学生领袖之一。

③ 欧阳予倩（1889—1962），湖南浏阳人，中国著名戏剧艺术家。

戏辩护的文章。后面又有宋春舫先生的《近世名戏百种目》，选出一百种西洋名戏，预备我们译作中国新戏的模范本。这一期有了这许多关于戏剧的文章，真成了一本"戏剧改良号"了！我看了这许多文章，颇有一点心痒手痒，也想加入这种有趣味的讨论，所以我划出戏剧改良问题的一部分做我的题目，就叫作"文学进化观念与戏剧改良"。

我去年年初回国时看见一部张之纯的《中国文学史》，内中有一段说道：

> 是故昆曲之盛衰，实兴亡之所系。道咸以降，此调渐微。中兴之颂未终，海内之人心已去。识者以秦声之极盛，为妖孽之先征。其言虽激，未始无因。欲睹升平，当复昆曲。《乐记》一言，自胜于政书万卷也。（下卷一八页）

这种议论，居然出现于"文学史"里面，居然做师范学校"新教科书"用，我那时初从外国回来，见了这种现状，真是莫名其妙。这种议论的病根全在没有历史观念，故把一代的兴亡与昆曲的盛衰看作有因果的关系，故说"欲睹升平，当复昆曲"。若是复昆曲遂可以致升平，只消一道总统命令，几处警察厅的威力，就可使中国戏园家家唱昆曲，——难道中国立刻便"升平"了吗？我举这一个例来表示现在谈文学的人大多没有历史进化的观念。因为没有历史进化的观念，故虽是"今人"，却要做"古人"的死文字；虽是二十世纪的人，偏要说秦汉唐宋的话。即以戏剧一个问题而论，那班崇拜现行的西皮二簧戏，认为"中国文学美术的结晶"的人，固是不值一驳；就有些人明知现有的皮簧戏实在不好，终不肯主张根本改革，偏要主张恢复昆曲。现在北京一班不识字的昆曲大家天天鹦鹉似的唱昆腔戏，一班无聊的名士帮着吹打，以为这就是改良戏剧了。这些人都只是不明文学废兴的道理，不知道昆曲的衰亡自有衰亡的原因；不知道昆曲不能自保于道咸之时，决不能中兴于既亡之后。所以我说，现在主张恢复昆曲的人与崇拜皮簧的人，同是缺乏文学进化的观念。

如今且说文学进化观念的意义。这个观念有四层意义，每一层含有一个重要的教训。

第一层总论文学的进化：文学乃是人类生活状态的一种记载，人类生活随时代变迁，故文学也随时代变迁，故一代有一代的文学。周秦有周秦的文学，汉魏有汉魏的文学，唐有唐的文学，宋有宋的文学，元有元的文学。《三百篇》的诗人做不出《元曲选》，《元曲选》的杂剧家也做不出《三百篇》。左丘明做不出（水浒传），施耐庵也做不出《春秋左传》。这是文学进化观念的第一层教训，最容易明白，故不用详细引证了（古人如袁枚、焦循，多有能懂得此理的）。

文学进化观念的第二层意义是：每一类文学不是三年两载就可以发达完备的，须是从极低微的起原，慢慢地，渐渐地，进化到完全发达的地位。有时候，这种进化刚到半路上，遇着阻力，就停住不进步了；有时候，因为这一类文学受种种束缚，不能自由发展，故这一类文学的进化史，全是摆脱这种束缚力争自由的历史；有时候，这种文学上的羁绊居然完全毁除，于是这一类文学便可以自由发达；有时候，这种文学革命只能有局部的成功，不能完全扫除一切枷锁镣铐，后来习惯成了自然，便如缠足的女子，不但不想反抗，竟以为非如此不美了！这是说各类文学进化变迁的大势。西洋的戏剧便是自由发展的进化；中国的戏剧便是只有局部自由的结果。列位试读王国维先生的《宋元戏曲史》，试看中国戏剧从古代的"歌舞"（Ballad Dance，歌舞是一事，犹言歌的舞也），一变而为戏优；后来加入种种把戏，再变而为演故事兼滑稽的杂戏（王氏以唐、宋、辽、金之滑稽戏为一种独立之戏剧，与歌舞戏为二事。鄙意此似有误。王氏引各书所记诙谐各则，未必独立于歌舞戏之外。但因打诨之中时有谲谏之旨，故各书特别记此诙谐之一部分而略其不足记之他部分耳。元杂剧中亦多打诨语。今之京调戏亦可随时插入讥刺时政之打诨。若有人笔记之，后世读之者亦但见林步青、夏月珊之打诨而不见其他部分，或亦有疑为单独之滑稽戏者矣）；后来由"叙事"体变成"代言"体，由遍数变为折数，由格律极严的大曲变为可以增减字句变换宫调的元曲，于是中国戏剧三变而为结构大致完成的元杂剧。但元杂剧不过是大体具备，其实还有许多缺点：（一）每本戏限于四折，（二）每折限于一宫调，（三）每折限一人唱。后来南戏把这些限制全部毁除，使一戏的长短无定，一折的宫调无定，唱者不限于一人。杂剧的限制太严，故除一二大家之外，多只能铺叙事实，不能有曲折详细的写生功夫；所写人物，往往毫无生气；所写生活与人情，往往缺乏细腻体会的功夫。后来的传奇，因为体裁更自由了，故于写生，写物，言情，各方面都大有进步。试举例为证。李渔的《蜃中楼》乃是合并《元曲选》里的《柳毅传书》同《张生煮海》两本戏做成的，但《蜃中楼》不但情节更有趣味，并且把戏中人物一一都写得有点生气，个个都有点个性的区别，如元剧中的钱塘君虽于布局有关，但没有着意描写；李渔于《蜃中楼》的《献寿》一折中，写钱塘君何等痛快，何等有意味！这便是一进步。又如元剧《渔樵记》写朱买臣事，为后来南戏《烂柯山》所本，但《烂柯山》中写人情世故，远胜

《渔樵记》，试读《痴梦》一折，便知两本的分别。又如昆曲《长生殿》与元曲《梧桐雨》同记一事，但两本相比，《梧桐雨》叙事虽简洁，写情实远不如《长生殿》。以戏剧的体例看来，杂剧的文字经济实为后所不及；但以文学上表情写生的功夫看来，杂剧实不及昆曲。如《长生殿》中《弹词》一折，虽脱胎于元人的《货郎旦》，但一经运用不同，便写出无限兴亡盛衰的感慨，成为一段很动人的文章。以上所举的三条例，——《蜃中楼》《烂柯山》《长生殿》——都可表示杂剧之变为南戏传奇，在体裁一方面虽然不如元代的谨严，但因为体裁更自由，故于写生表情一方面实在大有进步，可以算得是戏剧史的一种进化。即以传奇变为京调一事而论，据我个人看来，也可算得是一种进步。传奇的大病在于太偏重乐曲一方面；在当日极盛时代固未尝不可供私家歌童乐的演唱；但这种戏只可供上流人士的赏玩，不能成通俗的文学。况且剧本折数无限，大多数都是太长了，不能全演，故不能不割出每本戏中最精彩的几折，如《西厢记》的《拷红》，如《长生殿》的《闻铃》《惊变》等，其余的几折，往往无人过问了。割裂之后，文人学士虽可赏玩，但普通一般社会更觉得无头无尾，不能懂得。传奇杂剧既不能通行，于是各地的"土戏"纷纷兴起：徽有徽调，汉有汉调，粤有粤戏，蜀有高腔，京有京调，秦有秦腔。统观各地俗剧，约有五种公共的趋向：（一）材料虽有取材于元明以来的"杂剧"（亦有新编者），而一律改为浅近的文字；（二）音乐更简单了，从前各种复杂的曲调渐渐被淘汰完了，只剩得几种简单的调子；（三）因上两层的关系，曲中字句比较的容易懂得多了；（四）每本戏的长短，比"杂剧"更无限制，更自由了；（五）其中虽多连台的长戏，但短戏的趋向极强，故其中往往有很有剪裁的短戏，如《三娘教子》《四进士》

124
大师的国民理想

之类。依此五种性质看来，我们很可以说，从昆曲变为近百年的"俗戏"，可算得中国戏剧史上一大革命。大概百年来政治上的大乱，生计上的变化，私家乐部的消灭，也都与这种"俗剧"的兴起大有密切关系。后来"俗剧"中的京调受了几个有势力的人，如前清慈禧太后等的提倡，于是成为中国戏界最通行的戏剧。但此种俗剧的运动，起源全在中下级社会，与文人学士无关，故戏中字句往往十分鄙陋，梆子腔中更多极不通的文字。俗剧的内容，因为他是中下级社会的流行品，故含有此种社会的种种恶劣性，很少如《四进士》一类有意义的戏。况且编戏做戏的人大都是没有学识的人，故俗剧中所保存的戏台恶习惯最多。这都是现行俗戏的大缺点。但这种俗戏在中国戏剧史上，实在有一种革新的趋向，有一种过渡的地位，这是不可埋没的。研究文学历史的人，须认清这种改革的趋向，更须认明这种趋向在现行的俗剧中不但并不曾完全达到目的，反被种种旧戏的恶习惯所束缚，到如今弄成一种既不通俗又无意义的恶劣戏剧。——以上所说中国戏剧进化小史的教训是：中国戏剧一千年来力求脱离乐曲一方面的种种束缚，但因守旧性太大，未能完全达到自由与自然的地位。中国戏剧的将来，全靠有人能知道文学进化的趋势，能用人力鼓吹，帮助中国戏剧早日脱离一切阻碍进化的恶习惯，使他渐渐自然，渐渐达到完全发达的地位。

文学进化的第三层意义是：一种文学的进化，每经过一个时代，往往带着前一个时代留下的许多无用的纪念品；这种纪念品在早先的幼稚时代本来是很有用的，后来渐渐地可以用不着他们了，但是因为人类守旧的惰性，故仍旧保存这些过去时代的纪念品。在社会学上，这种纪念品叫作"遗形物"（Vestiges or Rudiments）。如男子的乳房，形式虽存，作用已失；本可废去，总没废去；故叫做"遗形物"。即以戏剧而论，古代戏剧的中坚部分全是乐歌，打诨科白不过是一小部分；后来元人杂剧中，科白竟占极重要的部分；如《老生儿》《陈州粜米》《杀狗劝夫》等杂剧竟有长至几千字的说白，这些戏本可以废去曲词全用科白了，但曲词终不曾废去。明代已有"终曲无一曲"的传奇，如屠长卿的《昙花梦》（见汲古阁六十种曲），可见此时可以完全废曲用白了；但后来不但不如此，并且白越减少，曲词越增多，明朝以后，除了李渔之外，竟连会做好白的人都没有了。所以在中国戏剧进化史上，乐曲一部分本可以渐渐废去，但也依旧存留，遂成一种"遗形物"。此外如脸谱，嗓子，台步，武把子等，都是这一类的"遗形物"，早就可以不用了，但相沿下来至今不改。西洋的戏剧在古代也曾经过许多幼稚的阶级，如"和歌"，面具，"过门"，"背躬"（Aside），武场等。但这种"遗形物"，在西洋久已成了历史上的古迹，渐渐地都淘汰完了。这些东西淘汰干净，方才有纯粹戏剧出世。中国人的守旧性最大，保存的"遗形物"最多。皇帝虽没有了，总统出来时依旧地上铺着黄土，年年依旧祀天祭孔，这都是"遗形物"。再回到本题，现今新式舞台上有了布景，本可以免去种种开门，关门，跨门槛的做作了，但这些做作依旧存在；甚至于在一个布置完好的祖先堂里"上马加鞭"！又如武把子一项，本是古代角抵等戏的遗风，在完全成立的戏剧里本没有立足之地。一部《元曲选》里，一百本戏之中只有三四本用得着武场；而这三四本武场戏之中有《单鞭夺槊》和《气英布》两本都用一个观战的人口述战场上的情形，不用在戏台上打仗而战争的情状都能完全写出。这种虚写法便是编戏的一大进步。不料中国戏剧家发明这种虚写法之后六七百年，戏台上依旧是打斤斗，爬杠子，舞刀耍枪的卖弄武把子，这都是"遗形物"的怪现状。

这种"遗形物"不扫除干净，中国戏剧永远没有完全革新的希望。不料现在的评剧家不懂得文学进化的道理；不知道这种过时的"遗形物"很可阻碍戏剧的进化；又不知道这些东西于戏剧的本身全不相关，不过是历史经过的一种遗迹；居然竟有人把这些"遗形物"——脸谱，嗓子，台步，武把子，唱工，锣鼓，马鞭子，跑龙套等等——当作中国戏剧的精华！这真是缺乏文学进化观念的大害了。

文学进化观念的第四层意义是：一种文学有时进化到一个地位，便停住不进步了；直到他与别种文学相接触，有了比较，无形之中受了影响，或是有意地吸收入的长处，方才再继续有进步。此种例在世界文学史上，真是举不胜举。如英国戏剧在伊丽莎白女王的时代本极发达，有蒋生（Ben Jonson）、莎士比亚等的名著；后来英国人崇拜莎士比亚太甚了，被他笼罩一切，故十九世纪的英国诗与小说虽有进步，于戏剧一方面实在没有出色的著作；直到最近三十年中，受了欧洲大陆上新剧的影响，方才有萧伯纳（Bernard Shaw）、高尔华胥（John Galsworthy）等人的名著。这便是一例。中国文学向来不曾与外国高级文学相接触，所接触的都没有什么文学的势力；然而我们细看中国文学所受外国的影响，也就不少了。六朝至唐的三四百年中间，西域（中亚细亚）各国的音乐，歌舞，戏剧，输入中国的极多：如龟兹乐，如"拨头"戏（《旧唐书·音乐志》云："拨头者，出西域胡人"），却是极明显的例（看《宋元戏曲史》第九页）。再看唐、宋以来的曲调，如《伊州》《凉州》《熙州》《甘州》《氐州》各种曲，名目显然，可证其为西域输入的曲调。此外中国词曲中还不知道有多少外国分子呢！现在戏台上用的乐器，十分之六七是外国的乐器，最重要的是"胡琴"，更不用说了。所以我们可以说，中国戏剧的变迁，实在带着无数外国文学美术的势力。只可惜这千余年来和中国戏台接触的文学美术都是一些很幼稚的文学美术，故中国戏剧所受外来的好处虽然一定不少，但所受的恶劣影响也一定很多。现在中国戏剧有西洋的戏剧可做直接比较参考的材料，若能有人虚心研究，取人之长，补我之短；扫除旧日的种种"遗形物"，采用西洋最近百年来继续发达的新观念，新方法，新形式，如此方才可使中国戏剧有改良进步的希望。

大师的
国民理想

2. 古文学的欣赏 [①] / 朱自清

> 我们要接受古代作家文学遗产，就可以从这些路子走进去。

新文学运动开始的时候，胡适之先生宣布"古文"是"死文学"，给它撞丧钟，发讣闻。所谓"古文"，包括正宗的古文学。他是叫人不必再作古文，却显然没有叫人不必阅读和欣赏古文学。可是那时提倡新文化运动的人如吴稚晖、钱玄同两位先生，却教人将线装书丢在茅厕里。后来有过一回"骸骨的迷恋"的讨论也是反对作旧诗，不是反对读旧诗。但是两回反对读经运动却是反对"读"的。反对读经，其实是反对礼教，反对封建思想；因为主张读经的人是主张传道给青年人，而他们心目中的道大概不离乎礼教，不离乎封建思想。强迫中小学生读经没有成为事实，却改了选读古书，为的了解"固有文化"。为了解固有文化而选读古书，似乎是国民分内的事，所以大家没有说话。可是后来有了"本位文化"论，引起许多人的反感；本位文化论跟早年的保存国粹论同而不同，这不是残余的而是新兴的反动势力。这激起许多人，

---

① 本文具体写作时间不详。

特别是青年人，反对读古书。

可是另一方面，在本位文化论之前有过一段关于"文学遗产"的讨论。讨论的主旨是如何接受文学遗产，倒不是扬弃它；自然，讨论到"如何"接受，也不免有所分别扬弃的。讨论似乎没有多少具体的结果，但是"批判的接受"这个广泛的原则，大家好像都承认。接着还有一回范围较小，性质相近的讨论。那是关于《庄子》和《文选》的。说《庄子》和《文选》的词汇可以帮助语体文的写作，的确有些不切实际。接受文学遗产若从"做"的一面看，似乎只有写作的态度可以直接供我们参考，至于篇章字句，文言语体各有标准，我们尽可以比较研究，却不能直接学习。因此许多大中学生厌弃教本里的文言，认为无益于写作；他们反对读古书，这也是主要的原因之一。但是流行的作文法，修辞学，文学概论这些书，举例说明，往往古今中外兼容并包；青年人对这些书里的"古文今解"倒是津津有味地读着，并不厌弃似的。从这里可以看出青年人虽然不愿信古，不愿学古，可是给予适当的帮助，他们却愿意也能够欣赏古文学，这也就是接受文学遗产了。

说到古今中外，我们自然想到翻译的外国文学。从新文学运动以来，语体翻译的外国作品数目不少，其中近代作品占多数；这几年更集中于现代作品，尤其是苏联的。但是希腊、罗马的古典，也有人译，有人读，直到最近都如此。莎士比亚至少也有两种译本。可见一般读者（自然是青年人多），对外国的古典也在爱好着。可见只要能够让他们接近，他们似乎是愿意接受文学遗产的，不论中外。而事实上外国的古典倒容易接近些。有些青年人以为古书古文学里的生活跟现代隔得太远，远得渺渺茫茫的，所以他们不能也不愿接受那些。但是外国古典该隔得更远了，怎么事实上倒反容易接受些呢？我想从头来说起，古人所谓"人情不相远"

是有道理的。尽管社会组织不一样，尽管意识形态不一样，人情总还有不相远的地方。喜怒哀乐爱恶欲总还是喜怒哀乐爱恶欲，虽然对象不尽同，表现也不尽同。对象和表现的不同，由于风俗习惯的不同；风俗习惯的不同，由于地理环境和社会组织的不同。使我们跟古代跟外国隔得远的，就是这种风俗习惯；而使我们跟古文学跟外国文学隔得远的尤其是可以算作风俗习惯的一环的语言文字。语体翻译的外国文学打通了这一关，所以倒比古文学容易接受些。

人情或人性不相远，而历史是连续的，这才说得上接受古文学。但是这是现代，我们有我们的立场。得弄清楚自己的立场，再弄清楚古文学的立场，所谓"知己知彼"，然后才能分别出哪些是该扬弃的，哪些是该保留的。弄清楚立场就是清算，也就是批判；"批判的接受"就是一面接受着，一面批判着。自己有立场，却并不妨碍了解或认识古文学，因为一面可以设身处地为古人着想，一面还是可以回到自己立场上批判的。这"设身处地"是欣赏的重要的关键，也就是所谓"感情移入"。个人生活在群体中，多少能够体会别人，多少能够为别人着想。关心朋友，关心大众，恕道和同情，都由于设身处地为别人着想；甚至"替古人担忧"也由于此。演戏，看戏，一是设身处地地演出，一是设身处地地看人。做人不要做坏人，做戏有时候却得做坏人。看戏恨坏人，有的人竟会丢石子甚至动手去打那戏台上的坏人。打起来确是过了分，然而不能不算是欣赏那坏人做得好，好得教这种看戏的忘了"我"。这种忘了"我"的人显然没有在批判着。有批判力的就不至于如此，他们欣赏着，一面常常回到自己，自己的立场。欣赏跟行动分得开，欣赏有时可以影响行动，有时可以不影响，自己有分寸，做得主，就不至于糊涂了。读了武侠小说就结伴上峨眉山，的确是糊涂。

所以培养欣赏力同时得培养批判力；不然，"有毒的"东西就太多了。然而青年人不愿意接受有些古书和古文学，倒不一定是怕那"毒"，他们的第一难关还是语言文字。

打通了语言文字这一关，欣赏古文学的就不会少，虽然不会赶上欣赏现代文学的多。语体翻译的外国古典可以为证。语体的旧小说如《水浒传》《西游记》《红楼梦》《儒林外史》，现在的读者大概比二三十年前要减少了，但是还拥有相当广大的读众。这些人欣赏打虎的武松，焚稿的林黛玉，却一般的未必崇拜武松，尤其未必崇拜林黛玉。他们欣赏武松的勇气和林黛玉的痴情，却嫌武松无知识，林黛玉不健康。欣赏跟崇拜也是分得开的。欣赏是情感的操练，可以增加情感的广度、深度，也可以增加高度。欣赏的对象或古或今，或中或外，影响行动或浅或深，但是那影响总是间接的，直接的影响是在情感上。有些行动固然可以直接影响情感，但是欣赏的机会似乎更容易得到些。要培养情感，欣赏的机会越多越好；就文学而论，古今中外越多能欣赏越好。这其间古文和外国文学都有一道难关，语言文字。外国文学可用语体翻译，古文学的难关该也不难打通的。

我们得承认古文确是"死文字"，死语言，跟现在的语体或白话不是一种语言。这样看，打通这一关也可以用语体翻译。这办法早就有人用过，现代也还有人用着。记得清末有一部《古文析义》，每篇古文后边有一篇白话的解释，其实就是逐句的翻译。那些翻译够清楚的，虽然啰嗦些。但是那只是一部不登大雅之堂的启蒙书，不曾引起人们注意。五四运动以后，整理国故引起了古书今译。顾颉刚先生的《盘庚篇今译》（见《古史辨》），最先引起我们的注意。他是要打破古书奥妙的气氛，所以将《尚书》里佶屈聱牙的这《盘庚》三篇用语体译出来，让大家看出那"鬼治主义"的把戏。他的翻译很谨严，也够确切；最难得的，又是三篇简洁明畅的白话散文，独立起来看，也有意思。近来郭沫若先生在《由周代农事诗论到周代社会》一文（见《青铜时代》）里翻译了《诗经》的十篇诗，风雅颂都有。他是用来论周代社会的，译文可也都是明畅的素朴的白话散文诗。此外还有将《诗经》《楚辞》和《论语》作为文学来今译的，都是有意义的尝试。这种翻译的难处在于译者的修养；他要能够了解古文学，批判古文学，还要能够照他所了解与批判的译成艺术性的或有风格的白话。

翻译之外，还有讲解，当然也是用白话。讲解是分析原文的意义并加以批判，跟翻译不同的是以原文为主。笔者在《国文月刊》里写的《古诗十九首集释》，叶绍钧先生和笔者合作的《精读指导举隅》（其中也有语体文的讲解），浦江清先生在《国文月刊》里写的《词的讲解》，都是这种尝试。有些读者嫌讲得太琐碎，有些却愿意细心读下去。还有就是白话注释，更是以读原文为主。这虽然有人试过，如《论语》白话注之类，可只是敷衍旧注，毫无新义，那注文又啰里啰嗦的。现在得从头做起，最难的是注文用的白话，现行的语体文里没有这一体，得创作，要简明朴实。选出该注释的词句也不易，有新义更不易。此外还有一条路，可以叫作拟作。谢灵运有《拟魏太子邺中集》，综合地拟写建安诗人，用他们的口气作诗。江淹有《杂拟诗》三十首，也是综合而扼要地分别拟写历代无名的五言诗人，也用他们自己的口气。这是用诗来拟诗。英国麦克士·比罗姆著《圣诞花环》，却以圣诞节为题用散文来综合地扼要地拟写当代各个作家。他写照了各个作家，也写照了自己。我们不妨如法炮制，用白话来尝试。以上四条路都通到古文学的欣赏，我们要接受古代作家文学遗产，就可以从这些路子走进去。

3. 鲁迅先生的杂感 [①]/朱自清

> "简单"改为不拘长短，配合着时代的要求，"杂文"于是乎成了大家都能用，尖利而又方便的武器了。这个创造是值得纪念的；虽然我们损失了一些诗，可是这是个更需要散文的时代。

最近写了一篇短文讨论"百读不厌"那个批评用语，照笔者分析的结果，所谓"百读不厌"，注重趣味与快感，不适用于我们的现代文学。可是现代作品里也有引入"百读不厌"的，不过那不是作品的主要的价值。笔者根据自己的经验，举出鲁迅先生的《阿Q正传》做例子，认为引入"百读不厌"的是幽默，这幽默是严肃的，不是油腔滑调的，更不只是为幽默而幽默。鲁迅先生的《随感录》，先是出现在《新青年》上后来收在《热风》里的，还有一些"杂感"，在笔者也是"百读不厌"的。这里吸引我的，一方面固然也是幽默，一方面却还有别的，就是那传统的称为"理

---

① 本文具体写作时间不详。

趣"，现在我们可以说是"理智的结晶"的，而这也就是诗。

冯雪峰先生在《鲁迅论》里说到鲁迅先生"在文学上独特的特色"：

首先，鲁迅先生独创了将诗和政论凝结于一起的"杂感"这尖锐的政论性的文艺形式。这是匕首，这是投枪，然而又是独特形式的诗；这形式，是鲁迅先生所独创的，是诗人和战士的一致的产物。自然，这种形式，在中国旧文学里是有它类似的存在的，但我们知道旧文学中的这种形式，有的只是形式和笔法上有可取之点，精神上是完全不成的；有的则在精神上也有可取之点，却只是在那里自生自长的野草似的一点萌芽。鲁迅先生，以其战斗的需要，才独创了这在其本身是非常完整的，而且由鲁迅先生自己达到了那高峰的独特的形式。（见《过来的时代》）

所谓"中国文学里是有它类似的存在的"，大概指的古文里短小精悍之作，像韩柳杂说的吧？冯先生说鲁迅先生"也同意对于他的杂感散文在思想意义之外又是很高的而且独创的艺术作品的评价"，"并且以为（除何凝先生外）还没有说出这一点来"（《关于鲁迅在文学上的地位》的《附记》，见同书）。这种"杂感"的形式上的特点是"简短"，鲁迅先生就屡次用"短评"这名称，又曾经泛称为"简短的东西"。"简短"而"凝结"，还能够"尖锐"得像"匕首"和"投枪"一样；主要的是他在用了这"匕首"和"投枪"战斗着。"狭巷短兵相接处，杀人如草不闻声"，这是诗，鲁迅先生的"杂感"也是诗。

《热风》的《题记》的结尾：

但如果凡我所写，的确都是冷的呢？则它的生命原来就没有，更谈不到中国的病症究竟如何。然而，无情的冷嘲和有情的讽刺相去本不及一张纸，对于周围的感受和反应，又大概是所谓"如鱼饮水冷暖自知"的；我却觉得周围的空气太寒冽了，我自说我的话，所以反而称之曰《热风》。

鲁迅先生是不愿承受"冷静"那评价的，所以有这番说话。他确乎不是个"冷静"的人，他的憎正由于他的爱；他的"冷嘲"其实是"热讽"。这是"理智的结晶"，可是不结晶在冥想里，而结晶在经验里；经验是"有情的"，所以这结晶是有"理趣"的。开始读他的《随感录》的时候，一面觉得他所嘲讽的愚蠢可笑，一面却又往往觉得毛骨悚然——他所指出的"中国病症"，自己没有犯过吗？不在犯着吗？可还是"百读不厌"地常常去翻翻看看，吸引我的是那笑，也是那"笑中的泪"吧。

这种诗的结晶在《野草》里"达到了那高峰"。《野草》被称为散文诗，是很恰当的。《题辞》里说：

过去的生命已经死亡。我对于这死亡有大欢喜，因为我借此知道它曾经存活。死亡的生命已经朽腐。我对于这朽腐有大欢喜，因此我借此知道它还非空虚。又说：

我自爱我的野草，但我憎恶这以野草作装饰的地面。地火在地下运行，奔突；熔岩一旦喷出，将烧尽一切野草，以及乔木，于是并且无可朽腐。又说：

我以这一丛野草在明与暗，生与死，过去与未来之际，献于友与仇，人与兽，爱者与不爱者之前作证。

最后是：

去罢，野草，连着我的题辞！

这写在一九二七年，正是大革命的时代。他彻底地否定了"过去的生命"，连自己的《野草》连着这《题辞》，也否定了，但是并不否定他自己。他"希望"地下的火火速喷出，烧尽过去的一切；他"希望"的是中国的新生！在《野草》里比在《狂人日记》

里更多地用了象征，用了重叠，来"凝结"来强调他的声音，这是诗。

他一面否定，一面希望，一面在战斗着。《野草》里的一篇《希望》，是一九二五年一月一日写的，他说：

我只得由我来肉搏这空虚中的暗夜了，纵使寻不到身外的青春，也总得自己来一掷我身中的迟暮。但暗夜又在哪里呢？现在没有星，没有月光，以至笑的渺茫和爱的翔舞；青年们很平安，而我的面前又竟至于并且没有真的暗夜。

然而就在这一年他感到青年们动起来了，感到"真的暗夜"露出来了，这一年他写了特别多"杂感"，就是收在《华盖集》里的。这一年"十二月三十一日之夜"写的《题记》里给了这些"短评"一个和《随感录》略有分别的名字，就是"杂感"。•他说这些"杂感""往往执滞在几件小事情上"，也就是从一般的"中国的病证"转到了个别的具体的事件上。虽然他还是将这种个别的事件"作为社会上一种典型"（见前引冯雪峰先生那篇《附记》里引的鲁迅先生自己的话）来处理，可是这些"杂感"比起《热风》中那些《随感录》确乎是更现实的了；他是从诗回向散文了。换上"杂感"这个新名字，似乎不是随随便便的无所谓的。

散文的杂感增加了现实性，也增加了尖锐性。"一九三二年四月二十四日之夜"写的《三闲集》的《序言》里说道：

恐怕这"杂感"两个字，就使志趣高超的作者厌恶，避之惟恐不远了。有些人们，每当意在奚落我的时候，就往往称我为"杂感家"。

这正是尖锐的证据。他这时在和"真的暗夜""肉搏"了，武器是越尖锐越好，他是不怕"'不满于现状'的'杂感家'"这一个"恶谥"的。一方面如冯雪峰先生说的，"他又常痛惜他的小说和他的文章中的曲笔常被一般读者误解"。所以"更倾向于直剖明示的尖利的批判武器的创造"（见《鲁迅先生计划而未完成的著作》，也在《过去的时代》中）了。这种"直剖明示"的散文作风伴着战斗发展下去，"杂感"就又变为"杂文"了。"一九三二年四月三十日之夜"写的《二心集》的《序言》里开始就说：

这里是一九三〇与三一年两年间的杂文的结集。末尾说：

自从一九三一年一月起，我写了较上年更多的文章，但因为揭载的刊物有些不同，文字必得和它们相称，就很少做《热风》那样简短的东西了；而且看看对于我的批评文字，得了一种经验，好像评论做得太简括，是极容易招得无意的误解，或有意的曲解似的。

又说：

这回连较长的东西也收在这里面。

"简单"改为不拘长短，配合着时代的要求，"杂文"于是乎成了大家都能用，尖利而又方便的武器了。这个创造是值得纪念的；虽然我们损失了一些诗，可是这是个更需要散文的时代。

4.何谓文化教养 ①（节选）/辜鸿铭

> 所谓真正的教养，就是指对世界即对存在着的一切拥有系统的、科学的知识。

简而言之，所谓教养就是有知识。然而，这知识是什么样的知识呢？换言之，为了有教养，我们应知道些什么呢？著名的英国批评家马太·阿诺德说：了解自己，了解世界就是教养。但是，单就世界而论，世界上的知识有多种，哪一种知识才能提高自己的教养呢？即便是小学生也知道世界上有五个大洲。但显然，仅知道这点是不够的，为了提高自己的教养，不仅要了解世界的地理，还要精通世界历史，不光知道报纸上刊载的世界的现状，还要知道世界的过去。而且，仅仅如此还远不够，像孔子所著的《论语》《大学》等，表明有教养的人拥有的知识不是暧昧模糊的知识，而是系统的、科学的知识，它是通过"格物"而得到的知识。所谓"格物致知"的"物"，即是与存在相关的，脉络整然的科学知识，

---

① 这是辜鸿铭 1924 年 10 月 14 日在日本大东文化协会的演讲，译自日文《辜鸿铭论集》第 23—47 页。

"物"在汉语中的意思，不仅仅是物质性的事和物，它含有物质、精神两方面的内容。也就是说大凡存在的一切就是"物"，"物"也就是存在。比如孔子就曾说"不诚无物"，这句话翻译过来就是"没有诚意，就没有存在"。

因此，所谓真正的教养，就是指对世界即对存在着的一切拥有系统的、科学的知识。下面涉及的问题是："存在究竟是什么？"我们中国人把存在，即存在于宇宙之间的万物分为三大类，天、地、人。如果借用英国诗人华兹华斯的话，就是"神、自然、人生"。但如果其含义仅仅指天空、地壳、人类，那就毫无意义了，我认为中国的"天地人"同华兹华斯的"神、自然、人生"是相应的。为此，我引用《礼记》上的三句美妙的语言，即"天不爱其道，地不爱其宝，人不爱其情"。由此，我们就能领会到天、地、人之间的真正区别，它并非是芜杂地、没有意义地、简单地将天、地、人区分。因此，根据中国哲学，存在着的万物可分为"天、地、人"，即"神、自然、人生"三大类，真正有教养的学者，依中国人的立场，就必须透彻地领会"神、自然、人生"。所谓"儒者通天地人"，就是说真正的教养，乃是充分地理解神、自然、人生。如果按西洋的说法就是，假如不具备真正的、宗教的、历史的、科学的知识，就不能算作是一个学者。

总而言之，真正的教养，即文化教养就是有关存在的脉络整然的科学知识。而存在则由"神、自然、人生"三大部分组成。

下面进入今晚演讲的第二个问题，怎样才能提高个人的教养。在讲这个问题之前，我打算指出中国文学和拥有真正的教养内涵的古今西方文学之间有一个大的不同点，西方文学给人们以神、自然、人生三方面的科学知识，用现代的语言来说就是给人们宗教、历史、科学的知识。然而中国文学比如孔子的书，就像已经建成

大师的
国民理想

的房子那样，而西方古今文学如还在建筑之中的房子。已经建成的房子由一些必要的建筑材料构成，而正在建筑当中的房子只是由必要的建筑场地和框架构成。关于框架方面的知识，做个比方，宗教就是关于神的学问，像哲学、神学之类，科学就是关于自然方面的知识，由数学那一类的东西构成，我们把这些称为"器物之学"。而在中国文学里，诸如神学、哲学、数学那样的东西几乎没有。

下面讲怎样提高自己的文化教养，为了节省时间，我把它分为三个方面简单地讲一下。

要想提高自己的文化教养，必须从以下三方面去努力，即第一清心寡欲，第二谦恭礼让，第三朴素生活。

孔子"十五而有志于学"，即志于教养的修得。一个人如果有志于提高自己的教养，那就要一心一意地排除杂念，狠下苦功夫。汉代的某位大学者曾说：

"正其谊，不计其功；明其道，不计其利"，[1] 这话的意思是这样的，为穷正义之理，是不考虑效果的，为明正道，不是考虑利益的。教养即所学的东西必须为大众服务。

比如军人，为本国的名誉而战是当然的事，作为宰相就应为本国的民众谋福利。修身养性的人除了一心一意考虑教养问题之外是不能有任何杂念的，孔子说"有教无类"，即不考虑教养以外的东西。[2] 这就是上述清心的含义。

真正有修身养性之志的人，现在很少。这主要是人们认为修

---

① 董仲舒的原话应为"正其谊，不谋其利；明其道，不计其功。"在此，辜鸿铭有他独特的用法。

② 辜鸿铭这里对孔子"有教无类"的理解有误。在别的地方他又有另外的理解和翻译，如理解和翻译为"文明无种族之分"。

身养性是件容易的事。然而我认为这不仅不是件容易的事，而应是件非常难的事。孔子在《大学》里说"止于至善"，而前述的英国批评家阿诺德也认为，"教养发源于对至善的爱"。我所说的教养，包含各方面的内容。由此可知教养的修得是难而又难的事。如果知道了这个，我们就会变得谦虚，德国的大诗人歌德曾云：

Das wenige verschwinder gloich dem Blick，Der vorwarts sieht，Wie vielnoch uebrig bleibt。

其中的意思是，"把我们现也已做完的事同我们将来必须要干的事相比较，不由得感到一阵空虚，在茫茫的宇宙面前，人太渺小了。"

《书经》上说：

"惟学逊志，务时敏，厥修乃来。"

我所讲的谦虚也就是这个意思。

最后，我讲一下朴素生活。三年前，我在北京英中协会做过一次演讲，那时我曾说，真正的中国国民必须保有其国民的特性，在道德上，也必须保有其国民性，为了保持这个国民性，我们必须坚决捍卫我们所建构的文明理想。

西方近代文明的理想同我们东洋人的理想有哪些不同呢？

近代西洋文明的理想可以说是进步，进步，再进步。它的所谓进步就是尽量提高生活水准。美国人所以排斥我们中国人和日本人，是因为我们不理解他们文明的理想就是提高生活水准这一点。

然而，我们东洋人的文明理想是朴素的生活和崇高的思想。即便是我们东洋人当中一贫如洗之辈，也不愿抛弃作为我们理想的朴素生活和崇高的思想，不愿拜倒在西洋人的所谓进步面前。

现代西洋人说我们难以同化于他们之中，于是排斥我们。然而，我想在座的日本人是绝不会抛弃自己的理想而接受他们的东西的。

大师的
国民理想

我曾多次对来中国和日本的外国人讲过这样的话，那就是，他们不该把我们说成是落后民族，因为，我们东洋人虽然过着朴素的近乎原始的物质生活，但却将自己的文明提高到西洋人曾经达到过的文明的最高峰，这难道不是人类文明史上一件让人惊异的事情吗？

以前，我在欧洲时，研究过希腊文明。欧罗巴文明的高潮是希腊时代，但现代日本所拥有的文明即便不说优于、至少也不劣于古希腊的文明。尽管日本人吃着萝卜根，住在简陋的小房里，但他们却是优秀的国民，这点就证明了我所说的朴素生活的重要性。

最后，我讲讲我们"为什么需要提高自己的教养"，如前所述，李鸿章因为不具备真正的教养，从而使中国陷入了停滞的状态。这就直接导致了今日的中国革命，造成了今日中国的混乱状况。仅此就可以知道教养对一个人来讲是何等的重要。要是按我的说法，什么战争啦，革命啦，混乱啦，究其原因，归根到底就在于一点，即缺乏教养。何以有战争？何以起革命？何以致混乱？这绝非人类走向了堕落，而是因人们都不知道怎样去生活。现代的人们，尤其是西洋人知道应该怎样去工作，在这一点上，他们比他们的祖先要进步许多，但是他们却不知道应该怎样去生活。

那么，我们怎么才能知道应该如何去生活呢？我认为只有依靠真正的教养。真正的教养不是教人像机器、像木偶般地活着，而是指给人们一条作为一个真正的人而生活的路径。我所说的教养对人生所以必要的理由就在于此。

……

第三篇 国民文化与学术

5. 现今的新文学的概观 [①]/鲁迅

> 各种文学，都是应环境而产生的，推崇文艺的人，虽喜欢说文艺足以煽起风波来，但在事实上，却是政治先行，文艺后变。倘以为文艺可以改变环境，那是"唯心"之谈，事实的出现，并不如文学家所预想。

这一年多，我不很向青年诸君说什么话了，因为革命以来，言论的路很窄小，不是过激，便是反动，于大家都无益处。这一次回到北平，几位旧识的人要我到这里来讲几句，情不可却，只好来讲几句。但因为种种琐事，终于没有想定究竟来讲什么——连题目都没有。

那题目，原是想在车上拟定的，但因为道路坏，汽车颠起来有尺多高，无从想起。我于是偶然感到，外来的东西，单取一件，是不行的，有汽车也须有好道路，一切事总免不掉环境的影响。文学——在中国的所谓新文学，所谓革命文学，也是如此。

---

① 本篇最初发表于 1929 年 5 月 25 日北平《未名》半月刊第二卷第八期。

中国的文化，便是怎样的爱国者，恐怕也大概不能不承认是有些落后。新的事物，都是从外面侵入的。新的势力来到了，大多数的人们还是莫名其妙。北平还不到这样，譬如上海租界，那情形，外国人是处在中央，那外面，围着一群翻译，包探，巡捕，西崽①……之类，是懂得外国话，熟悉租界章程的。这一圈之外，才是许多老百姓。

老百姓一到洋场，永远不会明白真实情形，外国人说"Yes"，翻译道，"他在说打一个耳光"，外国人说"No"，翻出来却是他说"去枪毙"。倘想要免去这一类无谓的冤苦，首先是在知道得多一点，冲破了这一个圈子。

在文学界也一样，我们知道得太不多，而帮助我们知识的材料也太少。梁实秋有一个白璧德，徐志摩②有一个泰戈尔、胡适之有一个杜威③——是的，徐志摩还有一个曼殊斐儿，他到她坟上去哭过④——创造社有革命文学，时行的文学。不过附和的，创作的很有，研究的却不多，直到现在，还是给几个出题目的人们圈了起来。

各种文学，都是应环境而产生的，推崇文艺的人，虽喜欢说

————————

① 西崽，旧时对西洋人雇用的中国男仆的蔑称。

② 徐志摩（1897—1931），浙江海宁人，诗人，新月社主要成员。著有《志摩的诗》《猛虎集》等。一九二四年四月泰戈尔访华时，他担任翻译，并在《小说月报》上多次发表颂扬泰戈尔的文章。

③ 杜威（J. Dewey，1859—1952），美国哲学家，实用主义芝加哥学派的创始人。他否认客观真理和绝对真理的存在，认为有用就是真理。主要著作有《哲学的改造》《经验和自然》《逻辑：探究的理论》等。胡适是杜威学说的宣传者。一九一九年五月至一九二一年七月杜威来华讲学时，他曾担任翻译。

④ 曼殊斐儿（K. Mansfield，1888—1923），英国女作家。著有《幸福》《鸽巢》等中短篇小说集。徐志摩翻译过她的作品。他在《自剖集·欧游漫记》中，说他曾在法国上过曼殊斐儿的坟："我这次到欧洲来倒像是专做清明来的；我不仅上知名的或与我有关系的坟，……在枫丹薄罗上曼殊斐儿的坟。……"

文艺足以煽起风波来，但在事实上，却是政治先行，文艺后变。倘以为文艺可以改变环境，那是"唯心"之谈，事实的出现，并不如文学家所预想。所以巨大的革命，以前的所谓革命文学者还须灭亡，待到革命略有结果，略有喘息的余裕，这才产生新的革命文学者。为什么呢，因为旧社会将近崩坏之际，是常常会有近似带革命性的文学作品出现的，然而其实并非真的革命文学。例如，或者憎恶旧社会，而只是憎恶，更没有对于将来的理想；或者也大呼改造社会，而问他要怎样的社会，却是不能实现的乌托邦①；或者自己活得无聊了，便空泛地希望一大转变，来做刺戟，正如饱于饮食的人，想吃些辣椒爽口；更下的是原是旧式人物，但在社会里失败了，却想另挂新招牌，靠新兴势力获得更好的地位。

希望革命的文人，革命一到，反而沉默下去的例子，在中国便曾有过的。即如清末的南社②，便是鼓吹革命的文学团体，他们叹汉族的被压制，愤满人的凶横，渴望着"光复旧物"。但民国成立以后，倒寂然无声了。我想，这是因为他们的理想，是在革命以后，"重见汉官威仪③"，峨冠博带。而事实并不这样，所以反而索然无味，不想执笔了。俄国的例子尤为明显，十月革命开初，也曾有许多革命文学家非常惊喜，欢迎这暴风雨的袭来，愿受风

① 乌托邦拉丁文 Utopia 的音译，源于英国汤姆士·莫尔在一五一六年所作的小说《乌托邦》。书中描写一种叫"乌托邦"的社会组织，寄托着作者的空想社会主义的理想，由此"乌托邦"就成了"空想"的同义语。

② 南社文学团体，一九〇九年由柳亚子等人发起，成立于苏州，盛时有社员千余人。他们以诗文鼓吹反清革命。辛亥革命后发生分化，有的附和袁世凯，有的加入安福系、研究系等政客团体，只有少数人坚持进步立场。一九二三年解体。该社编印不定期刊《南社》，发表社员所作诗文，共出二十二集。

③ "汉官威仪"指汉代叔孙通等人所制定的礼仪制度。《后汉书·光武帝纪》记载：王莽篡位失败被杀后，司隶校尉刘秀（后来的汉光武帝）带了僚属到长安，当地吏士"及见司隶僚属，皆欢喜不自胜。老吏或垂涕曰：'不图今日复见汉官威仪'"。

雷的试炼。但后来，诗人叶遂宁，小说家索波里自杀了，近来还听说有名的小说家爱伦堡①有些反动。这是什么缘故呢？就因为四面袭来的并不是暴风雨，来试炼的也并非风雷，却是老老实实的"革命"。空想被击碎了，人也就活不下去，这倒不如古时候相信死后灵魂上天，坐在上帝旁边吃点心的诗人们福气。②因为他们在达到目的之前，已经死掉了。

中国，据说，自然是已经革了命——政治上也许如此吧，但在文艺上，却并没有改变。有人说，"小资产阶级文学之抬头"③了，其实是，小资产阶级文学在哪里呢，连"头"也没有，哪里说得到"抬"。这照我上面所讲的推论起来，就是文学并不变化和兴旺，所反映的便是并无革命和进步——虽然革命家听了也许不大喜欢。

至于创造社所提倡的，更彻底的革命文学——无产阶级文学，自然更不过是一个题目。这边也禁，那边也禁的王独清的从上海租界里遥望广州暴动的诗，④"PongPongPong"，铅字逐渐大了起来，只在说明他曾为电影的字幕和上海的酱园招牌所感动，有模仿勃洛克的《十二个》之志而无其力和才。郭沫若的《一只手》⑤是很有人推为佳作的，但内容说一个革命者革命之后失了一只手，

---

① 爱伦堡（1891—1967）苏联作家。十月革命后，他在创作中歪曲社会主义现实，曾受到当时苏联文艺界的批判。

② 德国诗人海涅在诗集《还乡记》第六十六首中有这样的句子："我梦见我自己做了上帝，昂然地高坐在天堂，天使们环绕我身旁，不绝地称赞着我的诗章。我在吃糕饼、糖果，喝着酒，和天使们一起欢宴，我享受着这物珍品，却无须破费一个小钱……"

③ "小资产阶级文学之抬头"见李初梨《对于所谓"小资产阶级革命文学"的抬头，普罗列塔利亚文学应该防御自己》（载一九二八年十二月《创造月刊》第二卷第六期）。

④ 指王独清的长诗《Ⅱ DecA》（《十二月十一日》）。

⑤ 《一只手》短篇小说，载一九二八年《创造月刊》第一卷第九至十一期，内容和这里所说的有出入。

所余的一只还能和爱人握手的事，却未免"失"得太巧。五体，四肢之中，倘要失去其一，实在还不如一只手；一条腿就不便，头自然更不行了。只准备失去一只手，是能减少战斗的勇往之气的；我想，革命者所不惜牺牲的，一定不只这一点。《一只手》也还是穷秀才落难，后来终于中状元，谐花烛的老调。

但这些却也正是中国现状的一种反映。新近上海出版的革命文学的一本书的封面上，画着一把钢叉，这是从《苦闷的象征》①的书面上取来的，叉的中间的一条尖刺上，又安一个铁锤，这是从苏联的旗子上取来的。然而这样地合了起来，却弄得既不能刺，又不能敲，只能在表明这位作者的庸陋——也正可以做那些文艺家的徽章。

从这一阶级走到那一阶级去，自然是能有的事，但最好是意识如何，便——直说，使大众看去，为仇为友，了了分明。不要脑子里存着许多旧的残滓，却故意瞒了起来，演戏似的指着自己的鼻子道，"唯我是无产阶级！"现在的人们既然神经过敏，听到"俄"字便要气绝，连嘴唇也快要不准红了，对于出版物，这也怕，那也怕；而革命文学家又不肯多介绍别国的理论和作品，单是这样地指着自己的鼻子，临了便会像前清的"奉旨申斥"一样，令人莫名其妙的。

对于诸君，"奉旨申斥"大概还须解释几句才会明白吧。这是帝制时代的事。一个官员犯了过失了，便叫他跪在一个什么门外面，皇帝差一个太监来斥骂。这时须得用一点花费，那么，骂几句就完；倘若不用，他便从祖宗一直骂到子孙。这算是皇帝在骂，

---

① 《苦闷的象征》文艺论文集，日本文艺评论家厨川白村作。鲁迅曾译成中文，一九二四年十二月北京新潮社出版。中译本的封面为陶元庆作。画面是一把钢叉叉着一个女人的舌头，象征"人间苦"。

然而谁能去问皇帝，问他究竟可是要这样地骂呢？去年，据日本的杂志上说，成仿吾是由中国的农工大众选他往德国研究戏曲去了，我们也无从打听，究竟真是这样地选了没有。

所以我想，倘要比较地明白，还只好用我的老话，"多看外国书"，来打破这包围的圈子。这事，于诸君是不甚费力的。关于新兴文学的英文书或英译书，即使不多，然而所有的几本，一定较为切实可靠。多看些别国的理论和作品之后，再来估量中国的新文艺，便可以清楚得多了。更好是介绍到中国来；翻译并不比随便的创作容易，然而于新文学的发展却更有功，于大家更有益。

6. 做文章 [①]/鲁迅

> 大众语是毛坯，加了工的是文学。

　　沈括的《梦溪笔谈》里，有云："往岁士人，多尚对偶为文，穆修张景辈始为平文，当时谓之'古文'。穆张尝同造朝，待旦于东华门外，方论文次，适见有奔马，践死一犬，二人各记其事以较工拙。穆修曰：'马逸，有黄犬，遇蹄而毙。'张景曰：'有犬，死奔马之下。'时文体新变，二人之语皆拙涩，当时已谓之工，传之至今。"

　　骈文后起，唐虞三代是不骈的，称"平文"为"古文"便是这意思。由此推开去，如果古者言文真是不分，则称"白话文"为"古文"，似乎也无所不可，但和林语堂先生的指为"白话的文言"的意思又不同。两人的大作，不但拙涩，主旨先就不一，穆说的是马踏死了犬，张说的是犬给马踏死了，究竟是着重在马，还是在犬呢？较明白稳当的还是沈括的毫不经意的文章："有奔马，

---

① 发表于 1934 年 7 月《申报·自由谈》，署名朔尔。

践死一犬。"

因为要推倒旧东西，就要着力，太着力，就要"做"，太"做"，便不但"生涩"，有时简直是"格格不吐"了，比早经古人"做"得圆熟了的旧东西还要坏。而字数论旨，都有些限制的"花边文学"之类，尤其容易生这生涩病。

太做不行，但不做，却又不行。用一段大树和四枝小树做一只凳，在现在，未免太毛糙，总得刨光它一下才好。但如全体雕花，中间挖空，却又坐不来，也不成其为凳子了。高尔基说，大众语是毛坯，加了工的是文学。我想，这是很中肯的指示了。

7. 做 "杂文" 也不易 [①] / 鲁迅

> "杂文" 有时确很像一种小小的显微镜的工作，也照秽水，也看脓汁，有时研究淋菌，有时解剖苍蝇。

"中国为什么没有伟大的文学产生" 这问题，还是半年前提出的，大家说了一通，没有结果。这问题自然还是存在，秋凉了，好像也真是到了 "灯火倍可亲" 的时节，头脑一冷静，有几位作家便又记起这一个大问题来了。

八月三十日的《自由谈》上，浑人先生告诉我们道："伟大的作品在废纸篓里！" 为什么呢? 浑人先生解释说："各刊物的编辑先生们，他们都是抱着'门罗主义'的……他们发现稿上是署着一个与他们没有关系的人的姓名时，看也没有工夫一看便塞下废纸篓了。"

伟大的作品是产生的，然而不能发表，这罪孽全在编辑先生。不过废纸篓如果难以检查，也就成了 "事出有因，查无实据" 的

[①] 发表于 1934 年 10 月 1 日《文学》月刊 "文学论坛" 栏，署名直。

疑案。较有意思，较有作用的还是《现代》九月号卷头"文艺独白"里的林希隽①先生的大作《杂文和杂文家》。他并不归咎于编辑先生，只以为中国的没有大著作产生，是因为最近——虽然"早便生存着的"——流行着一种"容易下笔"，容易成名的"杂文"，所以倘不是"作家之甘自菲薄而放弃其任务，即便是作家毁掉了自己以投机取巧的手腕来替代一个文艺作者的严肃的工作"了。

不错，比起高大的天文台来，"杂文"有时确很像一种小小的显微镜的工作，也照秽水，也看脓汁，有时研究淋菌，有时解剖苍蝇。从高超的学者看来，是渺小，污秽，甚而至于可恶的，但在劳作者自己，却也是一种"严肃的工作"，和人生有关，并且也不十分容易做。现在就用林先生自己的文章来做例子吧，那开头是——"最近以来，有些杂志报章副刊上很时行的争相刊载着一种散文非散文，小品非小品的随感式的短文，形式既绝对无定型，不受任何文学制作之体裁的束缚，内容则无所不谈，范围更少有限制。为其如此，故很难加以某种文学作品的称呼；在这里，就暂且名之为杂文吧。""沉默，金也。"有一些人，是往往会"开口见喉咙"的，林先生也逃不出这例子。他的"散文"的定义，是并非中国旧日的所谓"骈散""整散"的"散"，也不是现在文学上和"韵文"相对的不拘韵律的"散文"（prose）的意思：糊里糊涂。但他的所谓"严肃的工作"是说得明明白白的：形式要有"定型"，要受"文学制作之体裁的束缚"；内容要有所不谈；范围要有限制。这"严肃的工作"是什么呢？就是"制艺"，普通叫"八股"。

---

① 林希隽，广东潮安人，上海大夏大学学生，曾经在《现代》第五卷第五期发表的《杂文和杂文家》中说，杂文是"投机取巧的手腕"，产生不了"伟大的作家"和"伟大的作品"。

做这样的文章，抱这样的"文学观"的林希隽先生反对着"杂文"，已经可以不必多说，明白"杂文"的不容易做，而且那任务的重要了；杂志报章上的缺不了它，"杂文家"的放不掉它，也可见正非"投机取巧"，"客观上"是大有必要的。

况且《现代》九月号卷头的三篇大作，虽然自名为"文艺独白"，但照林先生的看法来判断，"散文非散文，小品非小品"，其实也正是"杂文"。但这并不是矛盾。用"杂文"攻击"杂文"，就等于"以杀止杀"。先前新月社宣言里说，他们主张宽容，但对于不宽容者，却不宽容，也正是这意思。那时曾有一个"杂文家"批评他们说，那就是刽子手，他是不杀人的，他的偶然杀人，是因为世上有杀人者。但这未免"无所不谈"，太不"严肃"了。

林先生临末还问中国的作家："俄国为什么能够有《战争与和平》这类伟大的作品产生？……而我们的作家呢，岂就永远写写杂文而引为莫大的满足么？"我们为这暂时的"杂文家"发愁的也只在这一点：现在竟也累得来做"在材料的揃摭上尤是俯拾皆是，用不着挖空心思去搜集采取"的"杂文"，不至于忘记研究"俄国为什么能够有《战争与和平》这类伟大的作品产生"吗？

但愿这只是我们的"杞忧"，他的"杂文"也许独不会"非特丝毫无需要之处，反且是一种恶劣的倾向"。

8. 新文人与新文学 ①/沈从文

> 中国目前新文人真不少了，最缺少的也最需要的，倒是能
> 将文学当成一种宗教，自己存心做殉教者，不逃避当前社
> 会做人的责任，把他的工作，搁在那个俗气荒唐对未来世
> 界有所憧憬，不怕一切很顽固单纯努力下去的人。

　　五四以后中国多了两个新名词，一个是"新文学作家"，一个是"新文学"。所谓新文学，就是"的、呢、吗、啦"老古董一见摇头的文学。直到如今新文学虽还没有什么了不起的成绩，能够使那些从前摇头的点头。不过一群新文学作家，在这十年来，可真是出够了风头了。"文学作家"在青年人心中已成为一个有魔术性的名词，这是我们不能否认的事实。这名词不知毒害过多少年轻人，使他们皆得了极其厉害的神经衰弱症，有业务的搁下业务不理，正求学的抛开书本不读，每天在一堆流行杂志里钻研"浪漫""古典""象征""幽默"字眼儿里，白白地糟蹋掉他们那些宝贵的生命。这些大有影响于青年人的文学作家，及其大多数

---

① 发表于 1935 年 1 月。

皆只宜称呼为"新文人"。

就因为从前旧文人的恶德，既可以在他们身上继续发现，现社会的恶德，在他们身上也更富于传染性。

一个新文人的特征是："活下来比任何种人做人的权利皆特别多，做人的义务皆特别少。"

这些人照例多少知道一点中外古今文学名著，同时还记起一些中外古今文坛掌故。各有一张口，好说空话，又会说空话。看事即朦朦胧胧，做事皆马马虎虎。有些自命风雅，就轻视身边一切活人生活，以为那是"俗物俗务"。有些平常时节读点诗歌小说，放下书时，便自作多情不免装作无聊失意样子起来。他们照例皆害怕同真实社会对面，不愿受社会规矩束缚，因此全是个人主义的赞同者。然而个人主义者每天总仍然得穿衣吃饭，在穿衣吃饭问题上又不能不同那个丑恶俗气社会对面，迨被种种事实围困，打倒，不能振拔自救时，于是便烦恼悲观，不知如何是好。嫌白日太长，无可消遣，却邀约三四同志，打打麻雀牌与扑克牌。嫌夜里太静，睡不着觉，又不妨上舞场去玩个半夜。（胡闹自然有理由的，因为翻开任何大作家传记，皆有前例可援！）有些人玩也不玩，动也懒动，孤僻寂寞不与他人同流合污的，每天便在家中灌个半斤烧酒，写个十首歪诗，十篇杂感……也许还有为人更聪明更洒脱的，或尚能想方设法，使用都市中种种腐烂身心的玩意儿，来作腐烂自己的行为。

一个教授，一个学生，一个公子哥儿，一个志在做这种文人的人，他就可以找寻机会，令旁人承认他为文人，或自称为文人。既做文人后，就过着如上所述猥琐猥亵的新文人生活。这些人身份尽管相去天远，见解趣味，却常常极其相近。他们照例对于社会上许多事情皆不明白，许多人生必需常识皆极其缺少，许多严重现象皆漠不关心。怕责任，怕拘束，因此或以隐逸淡泊相高，或以放僻邪侈为美。若有人指摘到这一点时，他们自会援引典籍，保护自己，由于设辞巧妙，反而能令一般人十分同情。他们既在那里"玩"文学，认为文学只宜那么玩下去，又潇洒，又自由，还必须如此方不至于失去它的庄严。总仿佛国家社会皆不能缺少这种消闲文学同游荡文人，若稍稍苛刻他们，希望他们在生活态度上与作品上负上一点儿小小责任时，就亵渎了文学，误解了文学，因此一来，文学就再不成其为文学，国家社会同时也就再不成其为国家社会了。

十年来这种新文人日见其多，却用不着为他们作品过多发愁。这些人虽称为"文学家"，终日尽管批评，造谣，在酒食场中一面吃喝，一面传述点自己雅事别人俗事，用文学家名分在社会上做种种活动，受青年人崇拜同社会供养，事情说来很稀奇，有些人既不曾在过去某一时认真写过什么作品，甚至将来也就绝不会写个什么作品，他们其所以成为新文人，大多数倒是关于他们的故事消息，在新出报章杂志上，差不多随处皆可以很夸张虚诞地登载出来。他们原是从这方面成为文人的。

一个新文人既那么潇洒自由，令青年人神往倾心，也不是无理由了。

至于我们这个社会真正所希望的文学家呢，无论如何应当与新文人是两种人。第一，他们先得承认现代文学不能同现代社会分离，文学家也是个"人"，文学绝不能抛开人的问题反而来谈天说鬼。第二，他们既得注意社会，当前社会组织不合理处，需重造的，需修改的，必极力在作品中表示他的意见同目的，爱憎毫不含糊。第三，他们既觉得文学作家也不过是一个人，就并无什么比别人了不起的地方，凡做人消极与积极的两种责任皆不逃避。他们从事文学，也与从事其他职业的人一样，贡献于社会的应当是一些作品，一点成绩，不能用其他东西代替。

这种人也许是个乡巴佬，凡属新文人的风雅皆与他无缘。

生活也许平平常常，并无轶闻佳话足供广播流传。思想信仰也许同现社会制度习惯皆显得十分冲突，不能相合，但却有一种更合理更谨严的伦理道德标准控制他，支配他，而且在他那些作品中，便表示出他对于旧制度习惯的反抗，向未来社会伦理道德的努力。这种人缺少新文人的风度，缺少新文人的生活，算不得他的耻辱。他不一定会喝酒打牌，不一定常常参加什么会，不一定是个什么专家，不一定有"学位"和讲座。他观察社会，认识社会，虽无"专门知识"却有丰富无比的"常识"。他从书本学得了文学上各种技巧，学会安排文字，铺叙故事，再从那个活生生的社会里去注意一切问题——他的作品便是综合这两方面所得的成果。他绝不如某种有"学位"的文人，仅仅以能够模仿某某名作写得出一首诗一篇小说就沾沾自喜。他不善模仿，必得创造。（创造需要胆量同气魄，他就不缺少胆量同气魄。）工作失败了，他换个方式再干；成功了，也仍然换个方式企图更大的成功。

这种人相信人类应当向光明处去，向高处走。正义永远在他们胸中燃烧，他们的工作目的就是向生存与进步努力。假若每个文学作品，还许可作者保留一种希望，或希望他作品成为一根杠杆，一个炸雷，一种符咒，可以因它影响到社会组织上的变动，恶习气的扫除，以及人生观的再造。或希望他的作品能令读者理性更深湛一些，情感更丰富一些，做人更合理一些。他们的希望容或有大有小，然而却有相同的信仰，就是承认人的个体原是社会一部分，文学作品是给人看的，把文学从轻浮猥亵习气里救出，给它一种新的限制，使它向健康方面走去，实为必需的情形。一

大师的国民理想

个不自私的现代人，假若他还有眼睛，还能够用眼睛看看书本以外的一切，就不至于觉得把文学赋予这种限制有何种可嘲笑处。他们不怕嘲笑！

社会的流行风气，常常奖励到一些装模作样的新文人，常常奖励到一些懒惰与狡猾的人，这不稀奇，因为无限制地容许新文人轻浮与猥亵，读者也就可以满足个人轻浮与猥亵的嗜好。因此一来，另外那些想把文学加上一种崇高的责任的文学者，自然就见得俗气逼人，见得荒谬绝伦了。这种人一面将受一般社会的奚落，一面还不免为痛苦、贫穷以及各样恶势力所迫害，不是很悲惨地死去，就只得在逃亡沉默中勉强挣扎。这种人不特缺少新文人的潇洒与风雅，有些人甚至于想勉强活下去也办不到。若将这种人同新文人去比较看看，相形之下，也就可以明白这所谓"从事文学"的工作，真是一种如何枯燥无味困苦艰难的工作！

一个大学校的文学教授，一个文学杂志的编辑，或是一个薄负时誉的文学作家，必皆常常被青年人用书信或当面提出一个问题："先生，我对文学极有兴味，我有志于文学，怎么样我就可以做个文学家？"这些青年人虽说有志于"文学"，大多数或者还只是有志做一"新文人"。因为一群新文人的好处，最容易引起他们的注意。至于一群有远见的文学家，十年来所遭遇的忧患，照例是很少为人知道的。

……

中国目前新文人真不少了，最缺少的也最需要的，倒是能将文学当成一种宗教，自己存心做殉教者，不逃避当前社会做人的责任，把他的工作，搁在那个俗气荒唐对未来世界有所憧憬，不怕一切很顽固单纯努力下去的人。这种人才算得是有志于"文学"，不是预备做"候补新文人"的。

9. 世界文化与中国文化 ① / 张岱年

> 中国文化本来是先进的，不料以后停滞了，落后了。在此时代，中国应由西方文化给予的刺激，而大大地发挥固有的创造力，创造出新的文化，使之在将来的世界文化中有重要的地位，做出新的贡献。

文化或文明，是人类努力创造的结果之总和。由自然的演化而有人类，人类与自然之间却又存在矛盾。人类为了维持和提高其生活，必与自然斗争。在这斗争过程中，便逐渐创造了文化。斗争必由劳动，且必由集体的劳动，斗争的结果便改造了自然，同时亦改变了人类自身。文化是通过集体劳动而改造自然并改变人们自身的总成果。文化是人类为了满足欲望而进行斗争的结果。人类之所以贵于禽兽，其一即是能创造文化。文化的内容即思想、学术、艺术、制度、礼俗等。

各民族的文化不相同。不同的民族所处的地域不同，其生产

---

① 具体写作时间不详。

力的发展之迟早缓速不同，故其所形成的文化亦不相同。地域不同是比较疏远的原因，生产力发展的程度不同是切近的原因。生产力的发展是文化发展的基础。只有把不同民族的社会生产力发展的情况弄清楚，才能深切地理解一个民族的文化。但是两个民族文化的不同，并不只是由于两个民族所有的生产力发达程度的不同，实亦受地域的因素的影响，即为其周围的自然状况所决定。有许多人认为两个民族的文化之不同，可以专从其生产力发展程度的不同来理解，这还没有看到现象的全面。两个生产力发展程度相同的民族，由于地域之不同，其文化虽大致相似而仍不相同，这从古代世界的各民族以及近世欧洲各国的历史可以看出。

一个民族的文化，如果不与较高的不同的文化相接触，便易走入衰落之途。然而虽衰，却因没有较高的文化来征服，亦不易即趋灭亡。一个民族的文化与较高的文化相接触，固然可以因受刺激而获得大进，但若缺乏独立自主精神，也有被征服被消灭的危险。

民族文化是资本主义社会及其以前的各历史阶段所有的。随着社会主义的到来，这种文化就会发生变化，劳动者阶级的革命，无疑地是要踏上克服民族文化差别的道路。社会主义文化是世界性的文化，然而世界性不是无民族性，在民族存在的限度内，不能有无民族性的文化。诚如列宁所说："国际的文化不是无民族的。谁也不曾要求纯粹的，不是波兰人的，也不是犹太人的，也不是俄罗斯人的文化。"一个民族的文化之中，且有所谓内部变异，世界文化岂得没有内部变异？在将来，将无有所谓东方文化与所谓西方文化的对立，但亦非无东西之殊。

文化是发展的。文化在发展的历程中必然有变革，而且有飞跃的变革。但是文化不仅是屡屡变革的历程，其发展亦有连续性和累积性。在文化变革之时，新的虽然否定了旧的，而新旧之间仍有一定的连续性。从根本上说，文化是不断地向前发展的，变革只是促使其前进。文化的发展可以说是一贯的发展。文化是向一个大方向发展，在发展中常常改换小方向，而大方向是确定的。

凡此一切，都是符合辩证法的。

中国文化是世界中伟大的民族文化之一，是世界中伟大的独立发达的文化之一。以汉族为主的中国各民族，发挥其伟大的创造能力，在东亚的大陆上，独立地创造了自己的文化。自汉至明，少数民族的贵族常给中原的汉民族以创伤，但因其是低文化的，终为中原的汉民族的较先进的文化所同化。现在，情况却大异往昔，中国遇到了外国资本主义的文化的侵略，而中国民族不特失其同化的力量，且有被同化的危险。但是，国内有一些人却对此缺乏认识，竟提倡全盘欧化，显然，这种主张是有害的。

我觉得，现在要仍照样保持中国的旧文化，那是不可能的，但西洋的资产阶级文化也到了将被否定的日子。社会主义的世界性的文化必然要到来，中国必将产生新文化而成为那世界性的社会主义文化的一部分。

现在，中国的旧文化既不能照样保持，那么，是否就要整个地将其取消呢？将其扫荡得干干净净呢？——不！只有不懂唯物辩证法的人，才会有这种主张。按照唯物辩证法的观点，一种文化中必然含有相互对立的成分，即好的或较有积极意义的和坏的或具有消极意义的成分。唯物辩证地对待文化，就应一方面否定后者，一方面肯定前者，并根据现实需要加以发挥、充实。中国的旧文化，也包含两部分：一是良好的健康的部分，它是中国旧文化之中可以算得对人类社会有贡献的部分；一是不好的病态的部分，它对中国社会产生了严重的消极影响。不过，应该看到：

后者是由前者的流弊所造成，而前者又为后者所拖累而未能得到充分、圆满的发展。

中国人如果不能认识出自己旧文化中的不好的病态部分，或不能认识出自己旧文化中的良好的健康部分，那就会造成对待文化问题的盲目性。中国人如果守旧不改，则无异于等着毁灭；如果妄自菲薄，以为百不如人，则难免有被外来侵略者征服的危险。中国人必须不自馁，赶快振奋起来，乐观地加入全世界创造新文化的工作。

资产阶级文化中有着"可以永列在人类财产簿上的要素"。其实，资产阶级文化以前各阶段的文化，也有些可以永列在人类财产簿上的要素，即有永久价值的永远不会磨灭的东西。例如古希腊及罗马即是如此，中国亦然。中国的文化，其中有些堪以作为对人类社会有较大贡献的精粹。文化以生产力及社会关系的发展为基础，生产力发展到一新形态，社会关系改变，则文化必然变化。然而以前的文化之精粹可以在另一形态下保存着，或者经过一番更新而发展，却非完全归于澌灭。文化的发展是有累积性的。

上述具有不磨价值的文化元素，虽产生、发育于一个民族的民族文化之中，却不只是一个民族的，在本质上是全人类的，它是对人类整个文化的贡献。到将来民族文化消灭之时，各民族文化中的优秀元素将被世界化；即使不能世界化，亦将被保持为世界文化内部变异中的某地方的特性。这样，民族文化的优秀元素，不仅不会随着民族文化的消灭而消灭，反而能得到世界化，这也是辩证的行程。

中国有为全世界、全人类保持并提供优秀文化的义务，有改造其旧文化使与世界文化相适应的责任。我们如果不主动地对旧文化进行改造，而待外人来强行改造，那就难免沦于奴隶地位。

中国旧文化有哪些优秀的东西？老实说，旧文化中好的东西与不好的东西比起来，在数量上差得远。一堆一堆的朽土之中，只有一些金刚石在发放光辉。文化，一般地说，实即"正德利用厚生"。东方文化与西方文化的差异，在于东方特重"正德"，而西方则特重"利用"。"厚生"是两方都重视的，不能厚生何以言文化？中国文化对全世界的贡献即在于注重"正德"，而"正德"的实际内容又在于"仁"的理论与实践。孔子谓仁即"己欲立而立人，己欲达而达人"，其意义就是与人共进，相爱以德。孟子更从人性及心理方面阐述仁，认为仁是人之所以为人的本性，仁源于不忍之心，即对于旁人痛苦的同情。以后儒家更以"成己成物""民胞物与"言仁。"无终食之间违仁"，即无须臾之间离道，能如此，即达到人生之最高境界，而达到此境界即得至乐。从根本上说，"仁"是动的，是自强不息的。"仁"是在现实中体现理想，在日常生活中达到崇高的境界。中国古代哲人所苦心焦虑的就是如何使人们能有合理的生活，其结晶即"仁"。他们总觉得人必须"正德"，然后人生才有价值。中国人的生活基调即在于注重"正德"。这就是中国文化对全世界的特殊贡献。

中国的表现"正德"的"仁"的理论与实践，是有价值的，应有以发扬之，但亦不可死板地保持，而应随着现实情况的变化而有所发展。儒家讲仁，承认差等，即有保持等级以及阶级的倾向，显然，这是应当更改的。

中国文化的缺点实在太多，但这都将随着生产力的发展及新的社会关系之形成而消失，如大家庭制与旧礼教，以后必将变革。中国所最缺乏的是科学与团结力，必须向西洋学习。中国人因种种缘故，喜静恶动，追求宁静的安适，不追求运动的愉快，有些人甚至懒惰、萎靡，不肯振作，形成一种病态的样子，缺乏斗争的意志，更无斗争的力量。其所以如此，都是有其物质根源的。将来物质生活改变了，此种情形当然也会改变；但不能坐待物质生活之改变而有为，必须于此先有所变易。中国人应当养成勤奋的生活态度，不可再以安闲为乐和以变动为苦了。

中国旧文化的改造，同时就是新文化的创成，也可以说是中国文化的复兴。要使中国文化得到发展，必须对现在的社会进行批判。虽应认识旧文化中的优秀成分加以发扬，却绝不可受传统思想的拘束而不勇于创新。

中国人的崇高理想迄未实现。中国人固有的崇高理想，考察起来，主要有三个：一是生活的合理；二是参赞化育；三是天下大同。中国人所做到的只是一部分哲人的生活符合自己所倡导的原则，其余的两个理想则未能实现，这是由于受生产力发展程度的限制。中国人要参赞化育，必须依靠科学；要实现天下大同，则舍社会主义别无途径。"能尽物之性则可以赞天地之化育，可以赞天地之化育则可以与天地参矣"，尽物之性是非由科学不可的。而欲"通天下之志"，"天下为公"，只有经过社会主义革命及建设，才能变理想为现实。

中国久以天下大同为理想，所以将来世界性的社会主义文化之创成，亦正是中国固有理想之实现。

目前，中国虽面临着空前的大危机，然而也是空前的大发展时期。现在的时代是资本主义濒危的时代，是被压迫阶级即将翻身的时代，亦是被压迫民族即将抬头的时代。在此时代，帝国主义是不可能灭亡别的国家了。中国处在半殖民地的地位，在能达到社会主义以前，长时期的混乱是必然的。帝国主义虽然破坏了中国旧的社会经济，但它却不允中国形成一个健全的资本主义国家，它只希望中国长期陷于混乱状态。此时中国人应努力奋斗，坚定斗争的意志，加强斗争的力量。中国人切不可盲从着一部分外国人说"中华民族衰老了"，如果这样，那就等于说中华民族没有前途了。我认为，民族衰老之说并无科学根据，中华民族虽有若干衰弱之病，但仍保持很大的潜在活力，是能够转弱为强的。

中国文化本来是先进的，不料以后停滞了，落后了。在此时代，中国应由西方文化给予的刺激，而大大地发挥固有的创造力，创造出新的文化，使之在将来的世界文化中有重要的地位，做出新的贡献。

文化是最复赜的现象，文化问题只有用唯物辩证法对待，才能妥善地处理。列宁说："在文化问题上，性急与皮相是最有害的。"这是我们应永远注意的名言。

【附识】这是我 30 年代初期所写关于文化问题的文章。当时我对文化问题很感兴趣，有自己的主张：一方面我反对"全盘西化"，另一方面我也反对所谓"发扬国粹""读经复古"，认为应当运用唯物辩证法来分析文化问题。但文中对儒家"仁"的学说的评价，未免肤浅笼统，这是一个尚待深入钻研的理论问题，今后当试图做进一步的剖析。

作者简介

张岱年（1909—2004），河北献县人。中国现代哲学家、哲学史家。曾任北京大学哲学系教授、清华大学思想文化所所长，1980 年后任中国哲学史学会会长、名誉会长。

10. 知识的有机化 [①] / 朱光潜

> 我们说"知识的有机化"，其实也就是"知识的问题化"。
> 我们做学问，一方面要使有问题的东西变为没有问题，一
> 方面也要使好像没有问题的东西变为有问题。

我们应该把自己的知识加以有机化，这就是说，要使它像一棵花，一只鸟或是一个人，成为一种活的东西。

一种活的小东西就是一种有机体，有机体有三个大特征：

第一，有机体的全体和部分融会贯通，有共同生命流注其中，彼此息息相关，牵其一即动其余，人体是最好的实例，每一器官，如呼吸循环消化等，都自成一系统，各系统又组合成一大系统，掌生命所借以维持的各种机能。人体的健康的发展需要各系统都健旺，某一部分有病，其余各部分都要受影响。有机体在西文叫作 organism，和"器官"organ 与"组织"organisation 同根，我们可以说，有机体能成为有机体，就因为各器官有组织。有组织才

[①]　载 1944 年 5 月《中学生》杂志第 57 期。

有条理，有生命。

第二，有机体的生长是化学的化合而非物理学的混合，是由于吸收融化而非由于堆砌。把破铜烂铁塞进口袋里去，尽管塞得多，铜仍然是铜，铁仍然是铁，丝毫不变本质。食料到了肚皮里去，如果也这样不变质，就绝不能产生生命所借以维持的血液。食料要成血液，必须经过消化作用。所谓"消化"就是把本来不是自己的东西变成自己的，把异体变成本体，本体因吸收融化异体时扩大起来，这就是"生长"。

第三，每个有机体都有它所特有的个性，两个有生命的东西不能完全是一样。这是由于生长的出发点（得于遗传的）不同，可吸收的滋养料（得于环境的）不同，利用遗传与环境的组织力量也不同。因为自己的组织力也是生长的一个要素，所以有机体的生长不完全是被动的而同时是主动的，不完全是因袭的而同时是创造的。每一种有生命的东西都多少是它自己的造化主。

有机体的这三大特征也就是学问的特征。

第一，学问不是学问，如果它不是一种完整的生命，用普通话来说，如果它没有"组织"，不成"系统"。

其次，学问不是学问，如果它的生长不借消化而借堆砌，不能把异体变为己体，这就是说，不能把从外面吸收来的知识纳进原有的系统里去，新来的与原有的结成一个有生命的整体。第三，学问不是学问，如果它在你心里完全和在我心里一样，没有个性，没有个性也没有生命，原因在没有经过自己的组织和创造。

一切学问的对象都不外是事物的关系条理。关系条理本来存在事物中间，因为繁复所以显得错乱，表面所呈现的常不是实际所含蕴的。我们的蒙昧就起于置身繁复的事物中，迷于表面的错乱而不能见出底蕴，眼花手乱，不知所措。学问——无论是科学，哲学或是文艺——就在探求事物的内在的关系条理。这探求的企图不外是要回答"何"（what）"如何"（how）"为何"（why）三大类问题。回答"何"的问题要搜集事实和认清事实，回答"如何"的问题要由认清事实而形容事实，回答"为何"的问题要解释事实。这三种问题都解决了，事物就现出关系条理，在我们的心中就成立了一个完整的系统。比如说植物学，第一步要研究所收集来的标本，第二步要分门别类，确定形态和发展上的特性，第三步就要解释这些特性所由来，指出它们的前因后果，第三步功夫做到了，我们对于植物学才有一个完整的观念，对于植物的事实不但能认识，而且能了解。这种认识和了解在我们的心里就像一棵花的幼芽，有它的生命，有它的个性，可以顺有机体的原则逐渐生长。以后我们发现一个新标本，就可以隶属到某一门类里去，遇到一个新现象，就可以归纳到某一条原理里去，如果已有的门类和原理不能容，也可以另辟一门类，另立一原理。这就犹如幼芽吸收养料，化异体为己体，助长它的生长。一切知识的扩充都须遵照这个程序。

学问的生长是有机体的生长，必须有一个种子或幼芽做出发点，这种子或幼芽好比一块磁石，与它同气类的东西自然会附面上去。联想是记忆的基本原则，所以知识也须攀亲结友。一种新来的知识好比一位新客走进一个社会，里面熟人愈多，关系愈复杂，牵涉愈广，他的地位也就愈稳固。如果他进去之后，不能同任何人发生关系，他就变成众所同弃的人，绝不能久安其位，或是尽量发挥他的能力，有所作为。比如说，我丝毫不懂化学，只记得 H_2O 化合成水一个孤零零的事实，它对于我就不能有什么意义，或是发生什么作用，就因为它不能和我所有的知识发生密切关系。孤零零的片段事实在脑里不易久住，纵使勉强把它记牢，也发生不了作用。我们日常所见所闻的事物不知其数，但是大半如云烟过眼，因为不能与心中已有知识系统发生关系，就不能被吸收融化，成为有生命的东西存在心里。许多人不明白这道理，做学问只求强记片段的事实，不能加以系统化或有机化，这种人，在学问上永不会成功。我曾看见学英文的人埋头读字典，把字典里的单字从头记到尾，每一个字他都记得，可是没有一个字他会用。这是一种最笨拙的方法。他不知道字典里零星的单字是从活的语文（话语和文章）中宰割下来的，失去了它们在活的语文中与其他字义的关系，也就失去了生命，在脑里也就不容易"活"。所以学外国文，与其记单字，不如记整句，记整句又不如记整段整篇，整句整段整篇是有生命的组织。学外国文如此，学其他一切学问也是如此。我们必须使所得的知识具有组织，有关系条理，有系统，有生命。一个人使知识有了组织和生命，就必有个性。举一浅例来说，十个人同看一棵树，叫他们各写一文或作一画，十个人就会产生十样不同的作品。这就显得同一棵树在十人心中产生十样不同的印象。每个人所得印象各成为一种系统，一种有机体，各有它的个性。原因是各人的性情资禀学问不同，观念不同，吸收那棵树的形色情调来组织他的印象也就自然不同，正犹如两人同吃一样菜所生的效果不能完全相同是一样道理。知识必具有个性，才配说是"自己的"。假如你把一部书从头到尾如石块一样塞进脑里去，没有把它变成你自己的，你至多也只能和那部书的刻板文字或留声机片上的浪纹差不多，它不能影响你的生命，因为它在你脑里没有成为一种生命。凡是学问都不能完全是因袭的，它必须经过组织，就必须经过创造，这就是说，它必须有几分艺术性。做学问第一件要事是把知识系统化，有机化，个性化。这种工作的程序大要有两种。姑拿绘画来打比。治一种学问就比画一幅画。画一幅画，我们可以先粗枝大叶地画一个轮廓，然后把口鼻眉目等节目一件一件地画起，画完了，轮廓自然现出。比如学历史，我们先学通史，把历史大势做一鸟瞰，然后再学断代史，政治史，经济史等专史。这是由轮廓而节目。反之，我们也可以先学断代史，政治史，经济史等，等到这些专史都明白了，我们对于历史全体也自然可以得到一个更明确的印象。这是由节目而轮廓。一般人都以为由通而专是正当的程序，其实不能通未必能专。固是事实；不能专要想真能通，也是梦想。许多历史学者专从政治变迁着眼，对于文学哲学宗教艺术种种文化要素都很茫然，他们对于历史所得的轮廓绝不能完全正确。

就事实说，在我们的学习中，这两种貌似相反的程序——由轮廓而节目，由节目而轮廓经常轮流并用。先画了轮廓，节目就不致泛滥无归宿，轮廓是纲，纲可以领目，犹如架屋竖柱，才可以上梁盖瓦。但是无节目的轮廓都不免粗疏空洞，填节目时往往会发现某一点不平衡，某一点不正确，须把它变动才能稳妥。节目填成的轮廓才是具体的明晰而正确的轮廓。做学问有如做文章，动笔时不能没有纲要，但是思想随机触动，新意时常涌现。原定的意思或露破绽，先后轻重的次第或须重新调整，到文章写成时全文所显出的纲要和原来拟定的往往有出入。文章不是机械而是自由生发的，学问也是如此。节目常在变迁、轮廓也就随之变迁，这并行的变迁就是学问的生长。到了最后，"表里精粗无不到，然后一旦豁然贯通"，学问才达到了成熟的境界。

心中已有的知识系统对于未知而相关的知识具有吸引性，通常所谓"兴趣"就是心中已有的知识萌芽遇到相关的知识而要去吸收它，和它发生联络。兴趣也可以说是"注意的方向"，我们常偏向某一方向注意，就由于那一个方向易引起兴趣，这就是说，那一方向的事物在我们的心里有至亲好友，进来时特别受欢迎，它们走的路（神经径）也是我走过的路，抵抗力较低。自己作诗的人爱看别人的诗，诗在他的脑里常活跃求同伴；做生意的人终日在打算盘，心里没有诗的种子，所以无吸收滋养的要求，对诗就毫不发生兴趣，这道理是很浅而易见的。做学问最要紧的是对于所学的东西发生兴趣，要有兴趣就必须在心里先下种子，已有的知识系统就是一种种子。但是这种种子是后天的，必须有先天的好奇心或求知欲来鼓动它，它才活跃求生展，所谓"好奇""求知"就是遇到有问题的东西，不甘蒙昧，要设法了解它，因此，已有的知识系统不能成为可生长的种子，除非它里面含有许多问题。问题就是上文所说的"注意的方向"，或"兴趣的中心"。

我们在上面曾说过，一切学问都不外要求解答"何""如何""为何"三大类问题。一种知识如果不是问题的回答就不能成为学问，问题得到回答，学问才算是"生长"了一点。我们说"知识的有机化"，其实也就是"知识的问题化"。我们做学问，一方面要使有问题的东西变为没有问题，一方面也要使好像没有问题的东西变为有问题。问题无穷，发现无穷，兴趣也就无穷。世间没有一种没有问题的学问，如果有一种学问到了真正没有问题时（这是难想象的）它就不能再生长，须枯竭以至于老死了。

这番话的用意是在说明无论学哪一科学问，心中必须悬若干问题，问题才真正是学问生长的萌芽。有了问题就有了兴趣，下功夫也就有了目的，不至于泛滥无归宿。比如说，我心中有"个性是否全由于遗传和环境两种影响？"这个问题，我无论是看生物学，心理学，史学或哲学的书籍，就时时留心替这问题搜集事实，搜集前人的学说，以备自求答案。我们看的许多零零碎碎的东西就可以借这问题联络贯串起来，成为一种系统。这只是一例，一个人同时自然可以在心中悬许多问题，问题与问题之间往往有联络贯串。

心中有了问题，往往须展悬很久，才可以找到一个答案。在设问题与得答案两起迄点之间，我们须做许多工作如看书，实地观察，做实验，思索，设假定的答案等。我们记忆有限，不能把所得的有关的知识全装在脑子里，就必须做笔记卡片，做笔记卡片时我们就已经在做整理的工作，因为笔记卡片不是垃圾箱，把所拾得的东西混在一起装进去，它必须有问题，有条理，如同动植矿物的标本室一样。

做研究工作的人必须养成记笔记做卡片的习惯。我个人虽曾经几次试过这个方法，可是没有恒心，没有能把它养成习惯，至今还引以为憾。但是我另有一个习惯，就是常做文章。看过一部书，我喜欢就那部书做篇文章；研究一个问题，我喜欢就那问题做篇文章；心里偶然想到一点道理，也就马上把它写出。我发现这是整理知识与整理思想的最好方法。比如看一部书，自以为懂了，可是到要拿笔撮要或加批评时，就会发现对于那部书的知识还是模糊隐约，对于那部书的见解还是不甚公平正确，一提笔写，就逼得你把它看仔细一点，认清楚一点。还不仅此，我生性善忘，今天看的书明天就会杳无踪影，我就写一篇文章，加一番整理，才能把它变成自己的，也才能把它记得牢固一点。再比如思索一个问题，尽管四面八方俱到，而思想总是游离不定的，条理层次不很谨严的，等到把它写下来，才会发现原来以为说得通的话说不通，原来似乎相融洽的见解实在冲突，原来像是井井有条的思路实在还很紊乱错杂，总之，破绽百出。破绽在心里常被幻觉迷惑住了，写在纸上就瞒过自己瞒不过别人，我们必须费比较谨慎的思考与衡量，并且也必须把所有的意思加以选择，整理，安排成为一种有生命的有机体。我已养成一种习惯：知识要借写作才能明确化，思想要借写作才能谨严化，知识和思想都要借写作才能系统化，有机化。

　　我也是从写作的经验中才认出学问必是一种有机体。在匆忙中把这一点意思写出，不知道把这道理说清楚没有。如果初学者明了这一点意思，这对于他们也许有若干帮助。

第四篇

时代 青年 理想

从中华民族的历史上来看，我们的先民都是肯于，善于，敢于学习外国的好东西的，我们的民族文化之所以能够无远弗届历久不衰，其根源就在这里。到了今天，外国的好东西，特别是在科技方面的好东西，我们必须学习。不但现在学，而且将来也要学，这是毫无可疑的。

少年智则国智，少年富则国富，少年强则国强，少年独立则国独立，少年自由则国自由，少年进步则国进步，少年胜于欧洲，则国胜于欧洲，少年雄于地球，则国雄于地球。

1. 非个人主义的新生活 [①]/胡适

大师的国民理想

> 有志求新生活的男女少年！我们有什么权利，丢开这许多的事业去做那避世的新村生活！我们放着这个恶浊的旧村，有什么面孔，有什么良心，去寻那"和平幸福"的新村生活！

　　这个题目是我在山东道上想着的，后来曾在天津学生联合会的学术讲演会讲过一次，又在唐山的学术讲演会讲过一次。唐山的演稿由一位刘赞清君记出，登在一月十五日《时事新报》上。我这一篇的大意是对于新村的运动贡献一点批评。这种批评是否合理，我也不敢说。但是我自信这一篇文字是研究考虑的结果，并不是根据于先有的成见的。

　　本篇有两层意思。一是表示我不赞成现在一般有志青年所提倡，我所认为"个人主义的"新生活。一是提出我所主张的"非个人主义的"新生活。就是"社会的"新生活。

---

① 本文作于 1920 年。

先说什么叫作"个人主义"（individualism）。一月二日夜，（就是我在天津讲演前一晚）杜威博士在天津青年会讲演"真的与假的个人主义"，他说：个人主义有两种：

假的个人主义——就是为我主义（egoism），他的性质是自私自利：只顾自己的利益，不管群众的利益。

真的个人主义——就是个性主义（individuality），他的特性有两种：一是独立思想，不肯把别人的耳朵当耳朵，不肯把别人的眼睛当眼睛，不肯把别人的脑力当自己的脑力；二是个人对于自己思想信仰的结果要负完全责任，不怕权威，不怕监禁杀身，只认得真理，不认得个人的利害。

杜威先生极力反对前一种假的个人主义，主张后一种真的个人主义。这是我们都赞成的。但是他反对的那种自私自利的个人主义的害处，是大家都明白的。因为人多明白这种主义的害处，故他的危险究竟不很大。例如东方现在实行这种极端为我主义的"财主督军"，无论他们眼前怎样横行，究竟逃不了公论的怨恨，究竟不会受多数有志青年的崇拜。所以我们可以说这种主义的危险是很有限的。但是我觉得"个人主义"还有第三派，是很受人崇敬的，是格外危险的。这一派是：

独善的个人主义——它的共同性质是：不满意于现社会，却又无可如何，只想跳出这个社会去寻一种超出现社会的理想生活。

这个定义含有两部分：（1）承认这个现社会是没有法子挽救的了；（2）要想在现社会之外另寻一种独善的理想生活。自有人类以来，这种个人主义的表现也不知有多少次了。简括说来，共有四种：

（一）宗教家的极乐国　如佛家的净土，犹太人的伊丁园，别种宗教的天堂、天国，都属于这一派。这种理想的缘起，都由于对现社会不满意。因为厌恶现社会，故悬想那些无量寿、无量光的净土；不识不知，完全天趣的伊丁园；只有快乐，毫无痛苦的天国。这种极乐国里所没有的，都是他们所厌恨的；所有的，都是他们所梦想而不能得到的。

（二）神仙生活　神仙的生活也是一种悬想的超出现社会的生活。人世有疾病痛苦，神仙无病长生；人世愚昧无知，神仙能知过去未来；人生不自由，神仙乘云遨游，来去自由。

（三）山林隐逸的生活　前两种是完全出世的；他们的理想生活是悬想的渺茫的出世生活。山林隐逸的生活虽然不是完全出世的，也是不满意于现社会的表示。他们不满意于当时的社会政治，却又无能为力，只得隐姓埋名，逃出这个恶浊社会去做他们自己理想中的生活。他们不能"得君行道"，故对于功名利禄，表示藐视的态度；他们痛恨富贵的人骄奢淫逸，故说富贵如同天上的浮云，如同脚下的破草鞋。他们痛恨社会上有许多不耕而食、不劳而得的"吃白阶级"，故自己耕田锄地，自食其力。他们厌恶这污浊的社会，故实行他们理想中梅妻鹤子，渔蓑钓艇的洁净生活。

（四）近代的新村生活　近代的新村运动，如十九世纪法国美国的理想农村，如现在日本日向的新村，照我的见解看起来，实在同山林隐逸的生活是根本相同的。那不同的地方，自然也有。山林隐逸是没有组织的，新村是有组织的；这是一种不同。隐遁的生活是同世事完全隔绝的，故有"不知有汉，遑论魏晋"的理想；现在的新村的人能有赏玩 Rodin 同 Cézanne 的幸福，还能在村外著书出报：这又是一种不同。但是这两种不同都是时代造成的，是偶然的，不是根本的区别。从根本性质上看来，新村的运动都是对于现社会不满意的表示。即如日向的新村，他们对于现在"少数人在多数人的不幸上，筑起自己的幸福"的社会制度，表示不满意，自然是公认的事实。周作人先生说日向新村里有人把中国看作"最自然，最自在的国"。这是他们对于日本政制极不满意的一种牢骚话，很可玩味的。武者小路实笃先生一般人虽然极不满意于现社会，却又不赞成用"暴力"的改革。他们都是"真心仰慕着平和"的人。他们于无可如何之中，想出这个新村的计划来。周作人先生说："新村的理想，要将历来非暴力不能做到的事，用和平方法得来。"这个和平方法就是离开现社会，去做一种模范的生活。"只要万人真希望这种的世界，这世界便能实现。"这句话不但是独善主义的精义，简直全是净土宗的口气了！所以我把新村来比山林隐逸，不算冤枉他；就是把他来比求净土天国的宗教运动，也不算玷辱他。不过他们的"净土"是在日向，不在西天罢了。

我这篇文章要批评的"个人主义的新生活"，就是指这一种跳出现社会的新村生活。这种生活，我认为是"独善的个人主义"的一种。"独善"两个字是从孟轲"穷则独善其身"一句话上来的。有人说：新村的根本主张是要人人"尽了对于人类的义务，却又完全发展自己个性"；如此看来，他们既承认"对于人类的义务"，如何还是独善的个人主义呢。我说：这正是个人主义的证据。试看古今来主张个人主义的思想家，从希腊的"狗派"（Cynic）以至十九世纪的个人主义，哪一个不是一方面崇拜个人，一方面崇拜那广漠的"人类"的？主张个人主义的人，只是否认那些切近的伦谊——或是家族，或是"社会"，或是国家，——但是因为要推翻这些比较狭小逼人的伦谊，不得不捧出那广漠不逼人的"人类"。所以凡是个人主义的思想家，没有一个不承认这个双重关系的。

新村的人主张"完全发展自己个性"，故是一种个人主义。

他们要想跳出现社会去发展自己个性，故是一种独善的个人主义。

这种新村的运动，因为恰合现在青年不满意于现社会的心理，故近来中国也有许多人欢迎、赞叹、崇拜。我也是敬仰武者先生一班人的，故也曾仔细考究这个问题。我考究的结果是不赞成这种运动。我以为中国的有志青年不应该仿行这种个人主义的新生活。

这种新村的运动有什么可以反对的地方呢？

第一，因为这种生活是避世的，是避开现社会的。这就是让步。这便不是奋斗。我们自然不应该提倡"暴力"，但是非暴力的奋斗是不可少的。我并不是说武者先生一班人没有奋斗的精神。他们在日本能提倡反对暴力的论调——如《一个青年的梦》——自然是有奋斗精神的。但是他们的新村计划想避开现社会里"奋斗的生活"，去寻那现社会外"生活的奋斗"，这便是一大让步。武者先生的《一个青年的梦》里的主人翁最后有几句话，很可玩味。他说：

……请宽恕我的无力。——宽恕我的话的无力。但我心里所有的对于美丽的国的仰慕，却要请诸君体察的。……

我们对于日向的新村应该做如此观察。

第二，在古代，这种独善主义还有存在的理由；在现代，我们就不该崇拜他了。古代的人不知道个人有多大的势力，故孟轲说："穷则独善其身，达则兼济天下。"古人总想，改良社会是"达"了以后的事业——是得君行道以后的事业；故承认个人——穷的个人——只能做独善的事业，不配做兼善的事业。古人错了。现在我们承认个人有许多事业可做。人人都是一个无冠的帝王，个人都可以做一些改良社会的事。去年的"五四运动"和"六三运动"，何尝是"得君行道"的人做出来的？知道个人可以做事，知道有组织的个人更可以做事，便可以知道这种个人主义的独善生活是不值得模仿的了。

第三，他们所信仰的"泛劳动主义"是很不经济的。他们主张："一个人生存上必要的衣食住，论理应该用自己的力去得来，不该要别人代负这责任。"这话从消极一方面看——从反对那"游民贵族"的方面看，——自然是有理的。但是从他们的积极实行方面看，他们要"人人尽劳动的义务，制造这生活的资料"——就是衣食住的资料——这便是"矫枉过正"了。人人要尽制造衣食住的资料的义务，就是人人要加入这生活的奋斗。（周作人先生再三说新村里平和幸福的空气，也许不承认"生活的奋斗"的话；但是我说的，并不是人同人争面包米饭的奋斗，乃是人在自然界谋生存的奋斗；周先生说新村的农作物至今还不够自用，便是一证。）现在文化进步的趋势，是要使人类渐渐减轻生活的奋斗至最低度，使人类能多分一些精力出来，做增加生活意味的事业。新村的生活使人人都要尽"制造衣食住的资料"的义务，根本上否认分功进化的道理，增加生活的奋斗，是很不经济的。

第四，这种独善的个人主义的根本观念就是周先生说的"改造社会，还要从改造个人做起"。我对于这个观念，根本上不能承认。这个观念的根本错误在于把"改造个人"与"改造社会"分作两截；在于把个人看作一个可以提到社会外去改造的东西。要知道个人是社会上种种势力的结果。我们吃的饭，穿的衣服，说的话，呼吸的空气，写的字，有的思想……没有一件不是社会的。我曾有几句诗，说："……此身非吾有：一半属父母，一半属朋友。"当时我以为把一半的我归功社会，总算很慷慨了。后来我才知道这点算学做错了！父母给我的真是极少的一部分。其余各种极重要的部分，如思想、信仰、知识、技术、习惯……大都是社会给我的。我穿线袜的法子是一个徽州同乡教我的；我穿皮鞋打的结能不散开，是一个美国女朋友教我的。这两件极细碎的例，很可以说明这个"我"是社会上无数势力所造成的。社会上的"良好分子"并不是生成的，也不是个人修炼成的——都是因为造成他们的种种势力里面，良好的势力比不良的势力多些。反过来，不良的势力比良好的势力多，结果便是"恶劣分子"了。古代的社会哲学和政治哲学只为要妄想凭空改造个人，故主张正心、诚意、独善其身的办法，这种办法其实是没有办法，因为没有下手的地方。近代的人生哲学渐渐变了，渐渐打破了这种迷梦，渐渐觉悟：改造社会的下手方法在于改良那些造成社会的种种势力——制度、习惯、思想、教育，等等。那些势力改良了，人也改良了。所以我觉得"改造社会要从改造个人做起"还是脱不了旧思想的影响。我们的根本观念是：

个人是社会上无数势力造成的。

改造社会须从改造这些造成社会，造成个人的种种势力做起。

改造社会即是改造个人。

新村的运动如果真是建筑在"改造社会要从改造个人做起"一个观念上，我觉得那是根本错误了。改造个人也是要一点一滴地改造那些造成个人的种种社会势力。不站在这个社会里来做这种一点一滴的社会改造，却跳出这个社会去"完全发展自己个性"，这便是放弃现社会，认为不能改造；这便是独善的个人主义。

以上说的是本篇的第一层意思。现在我且简单说明我所主张的"非个人主义的"新生活是什么。这种生活是一种"社会的新生活"；是站在这个现社会里奋斗的生活；是霸占住这个社会来改造这个社会的新生活。他的根本观念有三条：

（1）社会是种种势力造成的，改造社会须要改造社会的种种势力。这种改造一定是零碎的改造——一点一滴的改造，一尺一步的改造。无论你的志愿如何宏大，理想如何彻底，计划如何伟大，你总不能笼统地改造，你总不能不做这种"得寸进寸，得尺进尺"的功夫。所以我说：社会的改造是这种制度那种制度的改造，是这种思想那种思想的改造，是这个家庭那个家庭的改造，是这个学堂那个学堂的改造。（附注）有人说："社会的种种势力是互相牵掣的，互相影响的。这种零碎的改造，是不中用的。因为你才动手改这一种制度，其余和种种势力便围拢来牵掣你了。如此看来，改造还是该做笼统的改造。"我说不然。正因为社会的势力是互相影响牵掣的，故一部分的改造自然会影响到别种势力上去。这种影响是最切实的，最有力的。近年来的文字改革，自然是局部的改革，但是他所影响的别种势力，竟有意想不到的多。这不是一个很明显的例吗？

（2）因为要做一点一滴的改造，故有志做改造事业的人必须要时时刻刻存研究的态度，做切实的调查，下精细的考虑，提出大胆的假设，寻出实验的证明。这种新生活是研究的生活，是随时随地解决具体问题的生活。具体的问题多解决了一个，便是社会的改造进了那么多一步。做这种生活的人要睁开眼睛，公开心胸；要手足灵敏，耳目聪明，心思活泼；要欢迎事实，要不怕事实；要爱问题，要不怕问题的逼人！

（3）这种生活是要奋斗的。那避世的独善主义是与人无忤，与世无争的，故不必奋斗。这种"淑世"的新生活，到处翻出不中听的事实，到处提出不中听的问题，自然是很讨人厌的，是一定要招起反对的。反对就是兴趣的表示，就是注意的表示。我们对于反对的旧势力，应该做正当的奋斗，不可退缩。我们的方针是：奋斗的结果，要使社会的旧势力不能不让我们；切不可先就偃旗息鼓退出现社会去，把这个社会双手让给旧势力。换句话说，应该使旧社会变成新社会，使旧村变为新村，使旧生活变为新生活。

　　我且举一个实际的例。英美近二三十年来，有一种运动，叫作"贫民区域居留地"的运动。（Social Settlements）这种运动的大意是：一班青年的男女——大都是大学的毕业生——在本城拣定一块极龌龊、极不堪的贫民区域，买一块地，造一所房屋。这班人便终日在这里面做事。这屋里，凡是物质文明所赐的生活需要品——电灯、电话、热气、浴室、游水池、钢琴、话匣，等等——无一不有。他们把附近的小孩子——垢面的孩子，顽皮的孩子——都招拢来，教他们游水，教他们读书，教他们打球，教他们演说辩论，组成音乐队，组成演剧团，教他们演戏奏艺。还有女医生和看护妇，天天出去访问贫家，替他们医病，帮他们接生和看护产妇。病重的，由"居留地"的人送入公家医院。因为天下贫民都是最安本分的，他们眼见那高楼大屋的大医院心里以为这定是为有钱人家造的，绝不是替贫民诊病的；所以必须有人打破他们这种见解，教他们知道医院不是专为富贵人家的。还有许多贫家的妇女每日早晨出门做工，家里小孩子无人看管，所以"居留地"的人教他们把小孩子每天寄在"居留地"里，有人替他洗浴，换洗衣服，喂他们饮食，领他们游戏。到了晚上，他们的母亲回来了，各人把小孩领回去。这种小孩子从小就在洁净慈爱的环境里长大，渐渐养成了良好习惯，回到家中，自然会把从前的种种污秽的环境改了。家中大人也因时时同这种新生活接触，渐渐地改良了。我在纽约时，曾常常去看亨利街上的一所居留地，是华德女士（Lilian Wald）办的。有一晚我去看那条街上的贫家子弟演戏，演的是贝里（Barry）的名剧。我至今回想起来，他们演戏的程度比我们大学的新戏高得多咧！

　　这种生活是我所说的"非个人主义的新生活"！是我所说的

"变旧社会为新社会，变旧村为新村"的生活！这也不是用"暴力"去得来的！我希望中国的青年要做这一类的新生活，不要去模仿那跳出现社会的独善生活，我们的新村就在我们自己的旧村里！我们所要的新村是要我们自己的旧村变成的新村！

可爱的男女少年！我们的旧村里我们可做的事业多得很咧！村上的鸦片烟灯还有多少？村上的吗啡针害死了多少人？村上缠脚的女子还有多少？村上的学堂成个什么样子？村上的绅士今年卖选票得了多少钱？村上的神庙香火还是怎么兴旺？村上的医生断送了几百条人命？村上的煤矿工人每日只拿到五个铜子，你知道吗？村上多少女工被贫穷逼去卖淫，你知道吗？村上的工厂没有避火的铁梯，昨天火起，烧死了一百多人，你知道吗？村上的童养媳妇被婆婆打断了一条腿，村上的绅士逼他的女儿饿死做烈女，你知道吗？

有志求新生活的男女少年！我们有什么权利，丢开这许多的事业去做那避世的新村生活！我们放着这个恶浊的旧村，有什么面孔，有什么良心，去寻那"和平幸福"的新村生活！

2. 现代青年的烦闷 [①] / 傅雷

> 想由骚动达到安息，而且自以为他得不到的满足会临到，
> 如果他能够制胜他事业中的艰难，他便可直窥宁息的门户。

一九三二年十月二十八日《晨报·时代文艺》曾刊拙译《世纪病》一文，此次《学灯》编者又以一九三三年元旦特大号文字见嘱，我特地再用《世纪病》相类的题材，把若干现代西方青年的不安的精神状态做一番介绍。这并非要引起现代中国青年们的烦躁——这烦躁，不待我引起，也许他们已经感到——而是因为烦闷是文艺创造的源泉，由于它的反省和刺激内生活使其活跃的作用上，可以领导我们往深邃的意境中去寻求新天地。而且烦闷唯有在人类心魂觉醒的时候才能感到，在这数千年来为智（sagesse）的教训磨炼到近于麻痹的中国人精神上给他一个刺激，亦非无益之事。

阿那托·法郎士曾言："只有一件可以使人类的思想感到诱惑便是烦闷。绝对不感到烦躁的心灵令我厌恶而且愤怒。"的确，

---

① 原载 1933 年 1 月 1 日上海《时事新报》。

在历史上，每个灿烂的文艺时代，总是由不安的分子鼓动激荡起来的！古典派和浪漫派一样，不过前者能够遏止烦闷，而后者被烦闷所征服罢了。在个人的体验上，心境的平和固然是我们大部分人类所渴望的乌托邦，但这种幸福只有睡在坟墓里叹了最后一口气时才能享受。而且，就令我们在生命中获得这绝对的平和（它的名字很多，如宁静，休息等），我们反而要憎恨它；失掉了心的平和，我们又要一心一意地企念它：这是人类永远的悲剧。不独如此，人类的良知一朝认识了烦闷的真价值，还幽密地在烦闷中感到残酷的喜乐。

西方的医药上有一句谚语："世界上无所谓病，只有病人。"《世纪病》的作者乔治·勒公德把现代青年的骚乱归之于现代社会的和思想上的骚乱；这无异是"世界上无所谓烦闷，只有烦闷的人"的看法。固然，我们承认他有理。在一般所谓健全的，尤其是享受惯温和的幸福的人眼中，烦闷者是失掉了心灵的均衡的病人。然而要知道，烦闷的人是失掉了均衡，正在热烈地寻找新的均衡。他们的欲望无穷，奢念无穷，永远不能满足，如果有一般自命为烦闷者，突然会恢复他们的宁静，那是因为他们的烦闷，实在并不深刻，而是表面的，肤浅的。真正在苦闷中煎熬的人绝不能以一种答案自满，他们要认识得更透彻，更多。他们怕找到真理，因为从此以后，他们不能再希望一个更高卓的真理。唯有"信仰"是盲目的，烦闷的人永远悲苦地睁大着眼睛。

每个人在他生命中限制自己。每个人把他要求解决的问题按照他自己的身份加以剪裁。这自然是聪明的办法。他们不愿多事徒劳无益的追求。实在，多少代的人类曾追求哲学，伦理美学等的理想而一无所获！然而没有一个时代的人类因此而停止去追求。因为他们觉得世俗的所谓"稳定""宁静""平和"，只是"死"

的变相的名称。"死"是西方人所最不能忍受的,他们极端执着"生"。

烦闷的现象是多方面的,又是随着每个人而变动的。从最粗浅的事情上说,每个人想起他的死,岂不是要打一个寒噤?听到人家叙述一个人受伤的情景而无动于衷是非人的行为。因为,本能地,人类会幻想处在同样的境地,受到同样的痛苦。同样,一个人在路上遇到出殡的行列,岂非要兔死狐悲的哀伤?一切的人类真是自私得可怜!这自然是人类烦闷的一种原因,心理病学家亦认为烦闷是一种感情的夸大,对于一种实在的或幻想的灾祸的反动,可是人烦闷是对于不测的事情的简单的恐怖,未免是肤浅的,不完全的观念。因此对于病态心理学造诣极深的作家,如保罗·布尔热(Paul Bourget)亦不承认心灵上的病,完全由生理上的病引起的。生命被威胁地突然地恐怖,在原始民族中,确是烦闷的唯一的原因。可是民族渐渐地长成以至老大,他的烦闷亦变得繁复,精微,在一般普通人的心目中也愈显得渺茫不可捉摸。在这个过程中,我们自然承认有若干病的影响存在着,但除了病态心理学家的物的解释以外,还有精神上的现象更富意味。

人类在初期的物质的恐怖以后,不久即易以形而上的恐怖。他们怕惧雷鸣,远在怕惧主宰雷鸣的上帝以前。原始时代的恐怖至此已变成烦闷,人类提出许多问题,如生和死的意义等。被这些无法解答的问题扰乱着,人类一方面不能获得宁息,一方面又不能度那丰富的追求生活,于是他祝祷遗忘一切。柏斯格说过:"人类有一种秘密的本能,使他因为感到苦恼的无穷尽而到外界去寻觅消遣与事业;他另有一种秘密的本能,使他认识所谓幸福原在宁息而不在骚乱。这两种矛盾的本能,在人类心魂中形成一种渺茫的计划。想由骚动达到安息,而且自以为他得不到的满足会临到,如果他能够制胜他事业中的艰难,他便可直窥宁息的门户。"

这种烦闷的形而上的意义固是极有意味的，但它还不能整个地包括烦闷。烦闷，在人类的良心上还有反响——与形而上的完全独立的道德上的反响。例如责任观念便是烦闷的许多标识之一。假定一个作家在创作的时候，为使他的文章更为完满起见，不应该想到的著作对于群众将发生若何影响的问题，然而一本书写完之后，要作家不顾虑到他的书将来对于读者的影响是件不可能的事。

第四篇

时代　青年　理想

3. 论青年读书风气 [①] / 朱自清

> 一是自己有心得，有主张，在大著作之前或之后，写出来的小书；二是融会贯通，博观约取的著作：虽无创见，却能要言不繁，节省一般读者的精力。这两种可都得让学有专长的人做去，而且并非仓卒可成。

《大公报》图书副刊的编者在"卷头语"里慨叹近二十几年来中国书籍出版之少。这是不错的。但是他只就量说，没说到质上去。一般人所感到的怕倒是近些年来书籍出版之滥；有鉴别力的自然知所去取，苦的是寻常的大学生中学生，他们往往是并蓄兼收的。文史方面的书似乎更滥些；一个人只要能读一点古文，能读一点外国文（英文或日文），能写一点白话文，几乎就有资格写这一类书，而且很快地写成。这样写成的书当然不能太长，太详尽，所以左一本右一本总是这些"概论""大纲""小史"，看起来倒也热热闹闹的。

---

① 本文作于 1934 年 1 月 29 日。

供给由于需要；这个需要大约起于五四运动之后。那时青年开始发现自我，急求扩而充之，野心不小。他们求知识像狂病；无论介绍西洋文学哲学的历史及理论，或者整理国故，都是新文化，都不迟疑地一口吞下去。他们起初拼命读杂志，后来觉得杂志太零碎，要求系统的东西；"概论"等便渐渐地应运而生。杨荫深先生《编辑＜中国文学大纲＞的意见》（见《先秦文学大纲》）里说得最明白：

在这样浩繁的文学书籍之中，试问我们是不是全部都去研究它，如果我们是个欢喜研究中国文学的话。那自然是不可能的，从时间上，与经济上，我们都不可能。然而在另一方面说来，我们终究非把它全部研究一下不可，因为非如此，不足以满我们的欲望。于是其中便有聪明人出来了，他们用了简要的方法，把全部的中国文学做了一个简要的叙述，这通常便是所谓"文学史"。（杨先生说这种文学史往往是"点鬼簿"，他自己的书要"把中国文学稍详细地叙述，而成有一个系统与一个次序"）

青年系统的趣味与有限的经济时间使他们只愿意只能够读这类"架子书"。说是架子书，因为这种书至多只是搭着的一副空架子，而且十有九是歪曲的架子。青年有了这副架子，除知识欲满足以外，还可以靠在这架子上作文，演说，教书。这便成了求学谋生的一条捷径。有人说从前读书人只知道一本一本念古书，常苦于没有系统；现在的青年系统却又太多，所有的精力都花在系统上，系统以外便没有别的。但这些架子是不能支持长久的；没有东西填进去，晃晃荡荡的，总有一天会倒下来。

从前人著述，非常谨慎。有许多大学者终生不敢著书，只写点札记就算了。印书不易，版权也不能卖钱。自然是一部分的原因；但他们学问的良心关系最大。他们穷年累月孜孜兀兀地干下去，知道的越多，胆子便越小，决不愿拾人牙慧，决不愿蹈空立说。他们也许有矫枉过正的地方，但这种认真的精神值得我们学习。现在我们印书方便了，版权也能卖钱了，出书不能像旧时代那样谨严，怕倒是势所必至；但像近些年来这样滥，总不是正当的发展。早先坊间也有"大全""指南"一类书，印行全为赚钱；但通常不将这些书看作正经玩意儿，所以流弊还少，现在的"概论""大纲""小史"等等，却被青年当作学问的宝库，以为有了这些就可以上下古今，毫无窒碍。这个流弊就大了，他们将永不知道学问为何物。曾听见某先生说，一个学生学了"哲学概论"，一定学不好哲学。他指的还是大学里一年的课程；至于坊间的薄薄的哲学概论书，自然更不在话下。平心而论，就一般人看，学一个概论的课程，未尝无益；就是读一本像样的概论书，也有些好处。但现在坊间却未必有这种像样的东西。

　　说"概论""大纲""小史"，取其便于标举；有些虽用这类名字却不是这类书，也有些确不用这类名字而却是这类书——如某某研究，某某小丛书之类。这种书大概篇幅少，取其价廉，容易看毕；可是系统全，各方面都说到一点儿，看完了仿佛什么都知道。编这种书只消抄录与排比两种功夫，所以略有文字训练的人都能动手。抄录与排比也有几等几样，这里所要的是最简便最快当的办法。譬如编全唐诗研究吧，不必去看全唐诗，更不必看全唐文，唐代其他著述，以及唐以前的诗，只要找几本中国文学史，加上几种有评注的选本，抄抄编编，改头换面，好歹成一个系统（其实只是条理）就行了。若要表现时代精神，还可以随便捡几句流行的评论插进去。这种转了好几道手的玩意，好像掺了好几道水的酒，淡而无味，自不用说；最坏的是让读者既得不着实的东西，又失去了接近原著的机会，还养成求近功抄小路的脾气。再加上编者照例的匆忙，事实，年代，书名，篇名，句读，字，免不了这儿颠倒那儿错，那是更误人了。其实，"概论""大纲""小史"也可以做得好。一是自己有心得，有主张，在大著作之前或之后，写出来的小书；二是融会贯通，博观约取的著作：虽无创见，却能要言不繁，节省一般读者的精力。这两种可都得让学有专长的人做去，而且并非仓促可成。

4. 三种人生态度——逐求、厌离、郑重[①]/梁漱溟

《三种人生态度》一文，本是梁漱溟先生与青年学生们每天例行的"朝会"上的一次谈话，地点在山东邹平一个小县城外的一间课室里，时间是1933年前后某一天将黎明时分，天色微明，而室内外周围一片寂静。

这篇谈话内容来自先生个人人生感悟，以及自己切身的体认，有别于浮泛空谈，且言简意赅。如果读罢此篇谈话之后，能静下心沉思默想一阵；或再反复读两三遍，细细体味，对你将不无助益，从而引起你人生态度的某种变化，也是可能的。

愿各位读者，在人生的大道上不断迈进，尤其于人生态度方面、精神境界上能有所提升。

——编者

人生态度是指人日常生活的倾向而言，向深里讲，即入了哲

---

① 录自《朝话》，59—61页，世界图书出版公司，2013年7月。

学范围；向粗浅里说，也不难明白。依中国分法，将人生态度分为出世与入世两种，但我嫌其笼统，不如三分法较为详尽适中。我们仔细分析：人生态度之深浅、曲折、偏正……各式各种都有，而各时代、各民族、各社会，亦皆有其各种不同之精神，故欲求不笼统，而究难免于笼统。我们现在所用之三分法，亦不过是比较适中的办法而已。

按三分法，第一种人生态度，可用**"逐求"**二字以表示之。此意即谓人于现实生活中逐求不已，如饮食、宴安、名誉、声、色、货、利等，一面受趣味引诱，一面受问题刺激，颠倒迷离于苦乐中，与其他生物亦无所异；此第一种人生态度（逐求），能够彻底做到家，**发挥至最高点者，即为近代之西洋人。**他们纯为向外用力，两眼直向前看，逐求于物质享受，其征服自然之威力实甚伟大，最值得令人拍掌称赞。他们并且能将此第一种人生态度理智化，使之成为一套理论——哲学。其可为代表者，是美国杜威之实验主义，他很能细密地寻求出学理的基础来。

第二种人生态度为**"厌离"**的人生态度。第一种人生态度为人对于物的问题，第三种人生态度为人对于人的问题，此则为人对于自己本身的问题。人与其他动物不同，其他动物全走本能道路，而人则走理智道路，其理智作用特别发达。其最特殊之点，即在回转头来反看自己，此为一切生物之所不及于人者。当人转回头来冷静地观察其生活时，即感觉得人生太苦，一方面自己为饮食男女及一切欲望所纠缠，不能不有许多痛苦；而在另一方面，社会上又充满了无限的偏私、嫉妒、仇怨、计较，以及生离死别种种现象，更足使人感觉得人生太无意思。如是，乃产生一种厌离人世的人生态度，此态度为人人所同有。世俗之愚夫愚妇皆有此想，因愚夫愚妇亦能回头想，回头想时，便欲厌离。但此种人生态度虽为人人所同具，而所分别者即在程度上深浅之差，只看彻底不彻底，到家不到家而已。此种厌离的人生态度，为许多宗教之所由生。最能发挥到家者，厥为印度人；印度人最奇怪，其整个生活，完全为宗教生活。**他们最彻底，最完全；其中最通透者为佛家。**

第三种人生态度，可以用**"郑重"**二字以表示之。郑重态度，又可分为两层来说：其一，为不反观自己时——向外用力；其二，为回头看自家时——向内用力。在未曾回头看而自然有的郑重态度，即儿童之天真烂漫的生活。儿童对其生活，有天然之郑重，与天然之不忽略，故谓之天真；真者真切，天者天然，即顺从其生命之自然流行也。于此处我特别提出儿童来说者，因我在此所用之"郑重"一词似太严重。其实并不严重。我之所谓"郑重"，实即自觉地听其生命之自然流行，求其自然合理耳。"郑重"即是将全副精神照顾当下，如儿童之能将其生活放在当下，无前无后，一心一意，绝不知道回头反看，一味听从于生命之自然的发挥，几与向前逐求差不多少，但确有分别。此系言浅一层。

更深而言之，从**反回头来看生活而郑重生活，这才是真正的发挥郑重。**这条路**发挥得最到家的，即为中国之儒家。**此种人生态度亦甚简单，主要意义即是**教人自觉的尽力量去生活。**此话虽平常，但一切儒家之道尽包含在内，如后来儒家之"寡欲""节欲""窒欲"等说，都是要人清楚地自觉地尽力于当下的生活。儒家最反对仰赖于外力之催逼与外边趣味之引诱往前度生活。引诱向前生活，为被动的、逐求的，而非为自觉自主的。儒家之所以排斥欲望，即以欲望为逐求的、非自觉的，不是尽力量去生活。此话可以包含一切道理：如"正心诚意""慎独""仁义""忠恕"等，都是以自己自觉的力量去生活。再如普通所谓"仁至义尽""心情俱到"等，亦皆此意。

此三种人生态度，每种态度皆有浅深。浅的厌离不能与深的逐求相比。**逐求是世俗的路，郑重是道德的路，而厌离则为宗教的路**。将此三者排列而为比较，当以逐求态度为较浅，以郑重与厌离二种态度相较，则郑重较难，从逐求态度进步转变到郑重态度自然也可能，但我觉得很不容易。普通都是由逐求态度折到厌离态度，从厌离态度再转入郑重态度，宋明之理学家大多如此，所谓出入儒释，都是经过厌离生活，然后重又归来尽力于当下之生活。即以我言，亦恰如此。在我十几岁时，极接近于实利主义，后转入于佛家，最后方归于儒家。厌离之情殊为深刻，由是转过来才能尽力于生活；否则便会落于逐求，落于假的尽力。故非心里极干净，无纤毫贪求之念，不能尽力生活。而真的尽力生活，又每在经过厌离之后。

5. 人生的意义 [①]/梁漱溟

> 人类为何能创造，其他的生物为何不能创造？那就是因为人类会用心思，而其他一切生物大都不会用心思。人生的意义就在他会用心思去创造；要是人类不用心思，便辜负了人生，不创造，便枉生了一世，所以我们要时时提醒自己，要用心思要创造。

一

人们常常爱问：人生有没有目的？有没有意义？不知同学们对于这一类的问题想过没有？如果想过，其答案为何？要是大家曾用过一番心思，我来讲这问题就比较容易了，你们就可以比较容易地了解我的话。

我以为人生不好说目的，因为目的是后来才有的事。我们先要晓得什么叫做目的。比如，我们这次来兴安，是想看灵渠，如

————————

① 本文系 1942 年 12 月在广西兴安初中的一次讲话。

果我们到了兴安，而没有看到灵渠，那便可以说没有达到目的。要是目的意思，是如此的话，人生便无目的。乘车来兴安是手段，看灵渠是目的，如此目的手段分别开来，是人生行事所恒有。但一事虽可如此说，而整个人生则不能如此说。

整个宇宙是逐渐发展起来的。天、地、山、水，各种生物，形形色色慢慢展开，最后才有人类，有我。人之有生，正如万物一样是自然而生的。天雨、水流、莺飞、草长，都顺其自然，并无目的。我未曾知道，而已经有了我。此时再追问"人生果为何来？"或"我为何来？"已是晚了。倘经过一番思考，决定一个目的，亦算不得了。

以上是讲人生不好说有目的，是第一段。

二

人生虽不好说有目的，但未尝不可说人生有其意义。人生的意义在哪里？人生的意义在创造！

人生的意义在创造，是于人在万物中比较出来的。

宇宙是一大生命，从古到今不断创造，花样翻新造成千奇百样的大世界。这是从生物进化史到人类文化史一直演下来没有停的。但到现在代表宇宙大生命表现其创造精神的却只有人类，其余动植物界已经成了刻板的文章，不能前进。例如稻谷一年一熟或两熟，生出来，熟落去，年年如是，代代如是。又如鸟雀，老鸟生小鸟，小鸟的生活还和老鸟一般无二，不像是创造的文章，而像是刻板文章了。亦正和推磨的牛马一天到晚行走不息，但转来转去，终归是原来的地方，没有前进。

到今天还能代表宇宙大生命，不断创造，花样翻新的是人类；

人类的创造表现在其生活上、文化上不断的进步。文化是人工的、人造的，不是自然的、本来的。

总之，是人运用他的心思来改造自然供其应用。而人群之间关系组织亦随有迁进。前一代传于后一代，后一代却每有新发明，不必照旧。前后积累，遂有今天政治经济文物制度之盛。今后还有我们不及见不及知的新文化新生活。

以此我们说人生意义在创造，宇宙大生命创造无已的趋势在动植物方面业已不见，现在全靠人类文化来表现了，是第二段。

三

人类为何能创造，其他的生物为何不能创造？那就是因为人类会用心思，而其他一切生物大都不会用心思。人生的意义就在他会用心思去创造；要是人类不用心思，便辜负了人生，不创造，便枉生了一世，所以我们要时时提醒自己，要用心思要创造。

什么是创造，什么是非创造，其间并无严整的界限。科学家一个新发明固然是创造，文学家一篇新作品固然是创造，其实一个小学生用心学习手工或造句作文，亦莫非创造。极而言之，人的一举一动一颦一笑亦莫不可有创造在内。不过创造有大有小，其价值有高有低。有的人富于创造性，有的则否。譬如灵渠是用了一番大的心思的结果，但小而言之，其间一念之动一手之劳亦都是创造。是不是创造，要看是否用了心思；用了心思，便是创造。

四

创造有两方面，一是表现于外面的，如灵渠便是一种很显著的创造，他如写字作画，政治事功，种种也是同样的创造。这方面的创造，我们可借用古人的话来名之为"成物"。还有一种是外面不大容易看得出来的，在一个人生命上的创造。比如一个人的明白通达或一个人德性，其创造不表现在外面事物，而在本身生命。这一面的创造，我们也可以用古人的话来名之为"成己"。换言之，有的人是在外成就的多，有的人在内成就的多。在内的成就如通达、灵巧、正大、光明、勇敢等等说之不尽。但细讲起来，成物者，同时亦成己。如一本学术著作是成物，学问家的自身的智力学问即是成己；政治家的功业是成物，政治家的自身本领人格又是成己了。反之成己者同时亦成物。如一德性涵养好的人是成己，而其待人接物行事亦莫非成物。又一开明通在的人是成己，而其一句话说出来，无不明白透亮，正是成物了。

五

以下我们将结束这个讲演，顺带指出我们今日应努力创造的方向。

首先要知道，我们生在一个什么时代。我们实生在一个特殊的时代，一个大变动的时代。就整个人类来说，是处在一个人类历史空前大转变的时代，也可以说是文化需要大改造的时代。而就中国一国来说，几千年的老文化，传到近百年来，因为西洋文化入侵叫我们几千年的老文化不得不改造。我们不能像其他时代的人那样，可以不用心思。因为我们这个时代，亟待改造；因为要改造，所以非用心思不可。也可以说非用心思去创造不可。我们要用心思替民族并替人类开出一个前途，创造一个新的文化。这一伟大的创造，是联合全国人共同来创造，不是各个人的小创造、小表现，乃至要联合全世界人共同来创造新世界。不是各自求一国的富强而止的那回旧事。

我们生在今日谁都推脱不了这责任。你们年轻的同学，责任更多。你们眼前的求学重在成己，末后却要重在成物。眼前不忙着有表现，却必要立志为民族为世界解决大问题，开辟新文化。这样方是合于宇宙大生命的创造精神，而实践了人生的意义。

6. 有志青年要做中小学老师 [①] / 朱光潜

> 事要人做，人要想把事做好，第一需要知识和技能，第二需要公正忠诚的性格。

朋友：

　　我写这封信给你，假定你是一个有志的青年，如果你真正不小看自己，你一定会明白我向你做这封信里的劝告，不是小看了你。你常跟着旁人说，并且你也实在相信，教育是建国的根本工作；可是到你准备职业或是选择职业时，你总觉得当教师，尤其是中小学教师，是穷途末路。你有别的事可干，就干别的事，没有别事可干时，只得当教师。你以为这是不得已，你叫苦，你甚至引以为耻。朋友，你这究竟是什么一回事？这是不是一个矛盾？这矛盾后面是不是藏着虚伪的心理和不彻底的思想？你认为应该做的重要的事而自己不肯去做，希望旁人去做，因为你嫌做这事清苦。这是逃避责任，是自私，是贪图世俗人所谓荣华富贵，是看到危

---

① 原载《中央周刊》5 卷 38 期，1943 年 5 月。

险而不出力救济，只苟且一日之安。世间事大半误于你这种人和你们存在的这种心理。你问一问良心，我这话是否冤枉了你？

事要人做，人要想把事做好，第一需要知识和技能，第二需要公正忠诚的性格。社会上一切病况，分析起来，也就不外两种原因。第一是许多必须干的事没有能力足以胜任的人去做，于是就丢下不去做，或是拉一些知识技能不够的人去做，做得有名无实，敷衍公事，等于不做。第二是任事的人偶然也有能力很够的，只是没有公正忠诚的心地，处处为个人利害打算，不惜假公济私，贪污作弊，钻营倾轧，诈取浪费，于是举办的事业愈多，愈扰民害国，播下的毒种子愈繁衍，总之，做得比不做更坏。"人存则政举"，人不存政就不举，这是古今中外的公例，无法可推翻的。我们现当建国开始，应该做的事很多，工商业要开发，海陆空军要建设，交通网要织得严密，财政要整理，社会组织和行政机构都要合理化——这一切谁都知道，谁都能谈。但是这些事真正做起来，千头万绪，人在哪里？我们所缺乏的并不是人的数量，而是人的质料。如果没有先把人的质料变化过，其他一切且慢谈，谈亦等于空谈。变化人的质料正是教育的工作，也正是教师的工作。建国先须培养建国人，培养建国的人先须培养教师。你尽管晕话无深文奥义——大道理本来都无深文奥义——它却是颠扑不破的大道理。如果不依这个程序做，我敢说，建国前途希望很渺茫。

改变人的质料必须从头做起。我这些年来都从事高等教育，深深感觉到我们的高等教育建筑在一个极不牢固的基础上。大学生在初入学时，大半都已经在中小学时代被教坏了，要把他们改造成另一样的人，实在不是一件易事。先就功课说，中小学里好像学得很多，却没有一样学得彻底。在一百本中文试卷中，你难找一篇清通的文章；考理工学院的学生往往得零分，考外文系的

大师的国民理想

学生英文也往往得零分。基本课程已如此，其他次要课程可想而知。像国文之类课程在中小学里学过十几年，还没有弄清楚，在大学公同必修科中再学一年，你想那样会学得好？而且一般学生对于公同必修科都自以为已经学过（已否学好他们都不问），到大学里还要再学一遍，觉得这是乏味的事，不肯去努力学习。中小学不但没有树立基本课程的基础，而且把学习这些课程的兴趣也打消得干干净净。凡是在大学里任过教的人都感觉到这种苦楚。

其次，就品格说，一个人在中小学时期最富于感受性，学好学坏，都很容易，所以他的品格模样在这时期大致已形成，将来不过顺这粗定的模样渐渐发展。现在一般人家庭教育不太讲究，社会影响大半很坏，中小学不但不能弥补家庭的缺陷，纠正社会的坏影响，反而变本加厉，使已成的恶习更加坚牢。我知道现在中学生加入流氓组织的颇不少，行动近于流氓的（如嫖、赌、吸烟、写匿名信、敲诈、偷窃之类）更多。一种恶习惯养成很容易，排除却很困难。现在一般大学对于训导固然没有尽职，即使尽职，单就大学本身来改良学风，怕也很难。我们必须从中小学时期就把根基打好，以后才可以因势利导。总之，中小学教育是基层教育，要有健全的中小学，才能有健全的高等教育。中小学教师对于树人大业所负的责任，比大学教授所负的还大得多。

不但在中国，就是欧美各国，能进大学的人比率都很低，进大学是一种特优权利。所以我们不能把中小学教育当作高等教育的准备，中小学毕业的人应该就可以成为健全的国民。民主国家的命脉所系究竟还在国民全体。国民全体都健全，社会秩序自然安定，政治基础自然稳固，各种事业自然井井有条，国力也就自然雄厚。中小学教育应该是普及的，这就是说，应该是全体国民教育。全体国民教育没有办得好，人民的知识技能和道德就够不上政治，如果采行民主政治，那就有名无实。姑就我国现况来说，我们正在厉行新县制，这是认清下层基础的重要，可谓探本求源，但是下层工作人员太缺乏，县政府找不着得力的科秘，乡保找不着得力的首长绅耆，于是敷衍公事，敲诈乡愚，蒙蔽上峰的种种现象仍在所不免，所谓新县政的施行，事实距理想仍是太远。这只是一例，其他各种设施亦可作如是观。这种现象决不会改善，如果基础教育没有改善。想改善基础教育，中小学教师的训练、质料、地位、待遇都非提高不可。事在人为，如果一方面政府切实倡导，一方面多数有志青年肯以当中小学教师为终身职志，有十年二十年的工夫，我们能把一切建国事业的基础都打得很结实，这并非一件很难的事。最要紧的是说做就要做，就要切实地做，不能再延误时机。

现在一般有志青年大半不愿当中小学教师，一半固由于中小学教育还没上正轨，还没有挣得它应有的高尚的地位，一半也由于他们自己认识不清。就个人经验说，我当过大学教师，当过中学教师，也当过小学教师，前后比较起来，我觉得当小学教师比当中学教师有趣，当中学教师也比当大学教师有趣。原因很简单，从小学生到大学生，天真纯朴的气象逐渐减少，情感也逐渐凉薄。只要你有可敬爱的地方，年幼的小朋友总是心悦诚服地敬爱你。他叫你一声"老师！"如同叫爸爸妈妈一样的亲热，你的风范，你的言语，对于他的影响远比他爸爸妈妈的还更深刻。你对着天真烂漫的一群小人儿，你觉得自己也年轻，世故气和不纯洁的心地使你羞惭，你自己也回到你的"赤子之心"。在恶浊的社会中，你处处看见人与人摆假面孔、斗心机、玩恶毒手段；在这还没染世故气的人群中，你发现人性原来洁白美善，而感觉到它的尊严；并且你有把握，这原来洁白美善的人性是听你手指揉捏成任何形

大师的国民理想

样的，如同一块泥在陶匠手里，也如同世界在创造主手里，上帝给他一条性命，你给他一个人格。再过若干年，他离开你到社会里去，你看他站在他的岗位，做他的事业，尽他的职责，他的一份力量无论是大是小，增加了人类的幸福，世界的光明，你心里知道，这是你种下来的种子，于今生开花结果；而且花与果所念念不忘而深致感激的第一是天工造化，其次就是你这位园丁。

朋友，人生最大的快慰是精神上的快慰。精神上的快慰还有比我在这里所描绘的更真实、更深厚吗？你舍此不求，要去跟着一般肥头鼠脑的人们求虚名，求高官厚禄，求腐坏你的国家和你自己的种种诱惑，到头来于人何补，于你何补？世间许多颠倒错乱都起于价值意识的错误。我们估定一件事的价值，不凭那件事对于人群的实惠，而凭它的招牌在愚夫愚妇的心目中响亮不响亮。我们羡慕那些在街上撒垃圾的朱门大户，而鄙视拿帚箕的清道夫。这是价值意识的错误，在愚夫愚妇本无足深责，在有志青年就该引以为耻。朋友，认清了中小学教育对于国家民族的重要性，和它给你的精神上的快慰，你就应该有勇气与决心，把这件建国基础的事业当担起！

　　　　　　一个做过中小学老师的朋友

7. 论青年 [①]/朱自清

> 青年反抗传统，反抗社会，自古已然，只是一向他们低头
> 受压，使不出大力气，见得沉静罢了。

　　冯友兰先生在《新事论·赞中华》篇里第一次指出现在一般人对于青年的估价超过老年之上。这扼要地说明了我们的时代。这是青年时代，而这时代该从五四运动开始。从那时起，青年人才抬起头，发现了自己，不再仅仅地做祖父母的孙子，父母的儿子，社会的小孩子。他们发现了自己，发现了自己的群，发现了自己和自己的群的力量。他们跟传统斗争，跟社会斗争，不断地在争取自己领导权甚至社会领导权，要名副其实地做新中国的主人。但是，像一切时代一切社会一样，中国的领导权掌握在老年人和中年人的手里，特别是中年人的手里。于是乎来了青年反抗，在学校里反抗师长，在社会上反抗统治者。他们反抗传统和纪律，用怠工，有时也用挺击。中年统治者记得"五四"以前青年的沉静，

---

① 原载 1944 年《中学生》杂志。

觉着现在青年爱捣乱，惹麻烦，第一步打算压制下去，可是不成，于是乎敷衍下去。敷衍到了难以收拾的地步，来了集体训练，开出新局面，可是还得等着瞧呢。

　　青年反抗传统，反抗社会，自古已然，只是一向他们低头受压，使不出大力气，见得沉静罢了。家庭里父代和子代闹别扭是常见的，正是压制与反抗的征象。政治上也有老少两代的斗争，汉朝的贾谊到戊戌六君子，例子并不少。中年人总是在统治的地位，老年人势力足以影响他们的地位时，就是老年时代，青年人势力足以影响他们的地位时，就是青年时代。老年和青年的势力互为消长，中年人却总是在位，因此无所谓中年时代。老年人在衰朽，是过去，青年人还幼稚，是将来，占有现在的只是中年人。他们一面得安慰老年人，培植青年人，一面也在讥笑前者，烦厌后者。安慰还是顺的，培植却常是逆的，所以更难。培植是凭中年人的学识经验做标准，大致要养成有为有守爱人爱物的中国人。青年却恨这种切近的典型的标准妨碍他们飞跃的理想。他们不甘心在理想还未疲倦的时候就被压进典型里去，所以总是挣扎着，在憧憬那海阔天空的境界。中年人不能了解青年人为什么总爱旁逸斜出不走正路，说是时代病。其实这倒是成德达才的大路；压迫着，挣扎着，才德的达成就在这两种力的平衡里。这两种力永恒地一步步平衡着，自古已然，不过现在更其表面化罢了。

　　青年人爱说自己是"天真的"，"纯洁的"。但是看看这时代，老练的青年可真不少。老练却只是工于自谋，到了临大事，决大疑，似乎又见得幼稚了。青年要求进步，要求改革，自然很好，他们有的是奋斗的力量，不过大处着眼难，小处下手易，他们的饱满的精力也许终于只用在自己的物质的改革跟进步上；于是骄奢淫逸，无所不为，有利无义，有我无人。中年里原也不缺少这种人，效率却赶不上青年的大。眼光小还可以有一步路，便是做自了汉，得过且过地活下去；或者更退一步，遇事消极，马马虎虎对付着，一点不认真。中年人这两种也够多的。可是青年时就染上这些习气，未老先衰，不免更教人毛骨悚然。所幸青年人容易回头，"浪子回头金不换"，不像中年人往往将错就错，一直沉到底里去。

青年人容易脱胎换骨改样子，是真可以自负之处；精力足，岁月长，前路宽，也是真可以自负之处。总之可能多，可能多倚仗就大，所以青年人狂。人说青年时候不狂，什么时候才狂？不错。但是这狂气到时候也得收拾一下，不然会忘其所以的。青年人爱讽刺，冷嘲热骂，一学就成，挥之不去；但是这只是以取快一时，久了也会无聊起来的。青年人骂中年人逃避现实，圆通，不奋斗，妥协，自有他们的道理。不过青年人有时候让现实笼罩住，伸不出头，张不开眼，只模糊地看到面前一段儿路，真是"前不见古人，后不见来者"。这又是小处，若是能够偶然到所谓"世界外之世界"里歇一下脚，也许可以将自己放大些。青年也有时候偏执不回，过去一度以为读书就不能救国就是的。那时蔡子民先生却指出"读书不忘救国，救国不忘读书"。这不是妥协，而是一种权衡轻重的圆通观。懂得这种圆通，就可以将自己放平些。能够放大自己，放平自己，才有真正的"工作与严肃"，这里就需要奋斗了。

蔡子民先生不愧人师，青年还是需要人师。用不着满口仁义道德，道貌岸然，也用不着一手摊经，一手握剑，只要认真而亲切的服务，就是人师。但是这些人得组织起来，通力合作。讲情理，可是不敷衍，重诱导，可还归到守法上。不靠婆婆妈妈气去乞怜青年人，不靠甜言蜜语去买好青年人，也不靠刀子手枪去示威青年人。只言行一致后先一致地按着应该做的放胆放手做去，不过基础得打在学校里；学校不妨尽量社会化，青年训练却还是得在学校里。学校好像实验室，可以严格地计划着进行一切；可不是温室，除非让它堕落到那地步。训练该注重集体的，集体训练好，个体也会改样子。人说教师只消传授知识就好，学生做人，该自己磨炼去。但是得先有集体训练，教青年有胆量帮助人，制裁人，然后才可以让他们自己磨炼去。这种集体训练的大任，得教师担当起来。现行的导师制注重个别指导，琐碎而难实践，不如缓办，让大家集中力量到集体训练上。学校以外倒是先有了集中训练，从集中军训起头，跟着来了各种训练班。前者似乎太单纯了，效果和预期差得多，后者好像还差不多，不过训练班至多只是百尺竿头更进一步，培植根基还得在学校里。在青年时代，学校的使命更重大了，中年教师的责任也更重大了，他们得任劳任怨地领导一群群青年人走上那成德达才的大路。

8. 中国青年与现代文明 [①] / 季羡林

大师的国民理想

> 今天的青年是迈向一个新世纪的一代新人，这个任务的开端工作就落在他们肩上。

当前中国青年正面对着一个新的世纪末，20 世纪的世纪末。

所谓世纪和与之相联系的"世纪末"，完全是人为地造成的，与人类社会的发展没有任何必然的联系。但是，上一个世纪末，19 世纪的世纪末，世界上，特别是文化中心的欧洲，却确实出现了一些特异的现象，在意识形态领域里更为显著，比如文学创作之类。

到了今天，一百年过去了，另一个世纪末又来到了我们眼前。世界形势怎样呢？有目共睹，世界上，特别是在欧洲，又出现了一些特异的，甚至令人震惊的事件。在政治方面，存在了七八十年的苏联突然解体了，东欧国家解体的解体，内讧的内讧，等等，等等。在经济方面，人们也碰到了困难。难道这还不足以引起人

---

① 本文作于 1992 年 7 月 8 日。

们的深思吗?

在寰球激荡中,我们中国相对说来是平静的。这正是励精图治,建设我们国家的大好时机。但是,有一些现象也不容忽视,我指的是社会风习方面。在这方面,并不是毫无问题的。有识之士早已怵然忧之,剀切认为,应当认真对待,不能掉以轻心。

在不良风气中,最使我吃惊的是崇洋媚外。这种极端恶劣的风气,几乎到处可见。我们中华泱泱大国过去的声威,现在不知哪里去了。我坚决反对盲目排外那种极端幼稚可笑的行动。从中华民族的历史上来看,我们的先民都是肯于,善于,敢于学习外国的好东西的,我们的民族文化之所以能够无远弗届历久不衰,其根源就在这里。到了今天,外国的好东西,特别是在科技方面的好东西,我们必须学习。不但现在学,而且将来也要学,这是毫无可疑的。然而眼前是什么情况呢?学习漫无边际,只要是外国东西,一律奉为至宝。给商品起名字,必须带点洋味,否则无人问津。中国美食甲天下,这一点"老外"都承认的,连孙中山先生都曾提到过。然而今天流行中国市面的却是肯德基、麦当劳、加州牛肉面、比萨饼。门市一开,购者盈万。从事涉外活动的某一些人,自视高人一等。在旧中国,"华人与狗,不许入内",立这样的牌子的是外国侵略者。今天,在思想上,在行动上树立这样牌子的却是某一些中国人自己。

哀莫大于心死,我们某一些人竟沦落到这样可笑又可怜的地步了吗?

上面这种情况,你可以说是在新旧文明交替时代不可避免的。这话有几分道理,完全避免是不可能的。但是,听之任之,视而不见,也不见得是正确的做法。我们必须敢于面对现实,不屈服于这个现实,不回避这个现实。我认为,在这里,关键是提高我们的认识,提高我们对祖国文化以及西方文化的认识。我们要得到一种完全实事求是的、不偏不倚的，深刻而不是肤浅的认识。

尽人皆知，祖国文化是光辉灿烂的文化，对人类做出了极大的贡献。要完全实事求是地认识祖国文化，必须从宏观上来看，"风物长宜放眼量"，不能鼠目寸光，不能只看眼前。我国汉唐时期，文化广被寰球。我最近看到了一则报道。如果我没有记错的话，根据最新考古发掘的成果来看，唐代的长安（今西安）面积比现在大二十倍。这简直是一个难以想象的数字。长安真是当年世界文化和经济的中心。万国商贾荟萃于此，交流商品，交流文化。八方风雨会长安，其繁荣情况至少可以与今天的纽约、巴黎、柏林、东京相媲美，何其盛哉！

据我自己的思考，中国在外国人眼中失去光辉是从 1840 年鸦片战争开始的。在欧洲，十七八世纪不必说了。那时候流行的是"东化"，而不是今天的"西化"。一直到 19 世纪 20 年代，在 1827 年 1 月，欧洲最伟大的天才之一，德国最伟大的诗人，可以说是欧洲文化化身的歌德，在同爱克曼谈话时，还盛赞中国文化，盛赞中国伦理道德水平之高，认为远非欧洲所能比。仅仅在十三年之后，到了 1840 年的鸦片战争，英国侵略者用大炮轰开了中国的国门，把鸦片送了进来，中国这一只貌似庞然大物的纸老虎被戳破了。从此中国的声望在只知崇拜武力的欧洲人眼中一落千丈。

在这以前，中国的某一些人，特别是那几位皇帝老子，以及一些贵族大臣，愚昧无知，以为自己真是居天下之中，自己真是真龙天子和天上的星宿下凡，坐井观天，不知天高地厚，骄纵狂妄，可笑不自量。可是，一旦当头棒加，昏眩了一阵以后，清醒过来，就变成了另外的人。对洋人五体投地，让洋人的坚船利炮吓得浑身发抖。上行下效，老百姓中也颇有一些人变成了贾桂。

旧社会有这种情况，是完全可以理解的。1949年建国以后，中国人民真正站起来了。有相当长的一段时间，中国人自尊自爱，精神状态是正常的，健康的。中间几经变乱，特别是十年浩劫，把中国人的思想又搞乱了。到了今天，就发展成了我上面说的那种情况。岂不大可哀哉！

我们究竟怎样看待西方文明呢？首先我们对人类历史上文明或文化的发展，有一个正确的看法。人类历史的发展告诉我们，任何时代，任何国家的文明都不是一成不变的。它们都有一个诞生，成长，繁荣，衰微，消逝的过程。这是一个客观规律，是不以人的主观意志为转移的。中国文明如此，西方文明也是如此。

在欧洲，自从文艺复兴以后，随着资本主义的萌芽和发展，文化也逐渐发展起来。不管是在科学技术领域里，还是在文学艺术领域里，西方人都获得了极其辉煌的空前的成就，他们把人类文化推到了一个崭新的阶段上。一直到今天，西方文化还占有垄断的地位。世界各国，包括我们国家在内，无不蒙受其影响。上而至于政治、经济、文学、艺术、哲学、教育等，下而至于衣食住行各个方面，没有一个地方没有西方文化的烙印。西方资本主义和以后的帝国主义，对全世界弱小民族的剥削和压迫，我们当然也不会忘记。那是另一本账，我认为，可以与西方文化分开来算。

这样的西方文化是不是就能万岁千秋永远繁荣下去呢？根据我上面谈到的人类文化的发展规律，那是决不可能的。西方文化也会有一个盛极而衰的过程的。而且据我看，这个衰的过程已经露出了端倪。西方有识之士也已承认，自己的文化并非万能。自己的政治和经济问题，它也并不能解决。两次杀人盈野的大战都源于欧洲，就是一个具体的证明。有人主张，资本主义能够自我调节。这是事实，但是调节的作用是有限的，只能治标，不能治本。正如人们服食人参鹿茸，只能暂时生效，不能长生不老。

就连西方文化表现得最突出的自然科学方面，西方人，甚至一些东方人，认为那就是真理，可是有许多自然现象它仍然解决不了，比如中国的气功和特异功能，还有贵州傩文化的一些特异现象。把这些东西说得神乎其神，我并不相信。但是这些现象确实存在，却也无法否认。

摆在我们眼前的东西方文化的情况就是这样。人类文化的发展将何去何从呢？

我不搞意识形态的研究，探讨义理，非我所长。但是，近几年来，一些社会和自然现象逼着我思考一些问题。我觉得，一部人类文化史告诉我们，几千年来人类发展的文化不外两大体系，一个是东方文化，一个是西方文化。东方文化的基础是综合的思维模式，西方则是分析的思维模式。所谓"综合"，其核心是强调普遍联系，注重整体概念。用句通俗的话来说，就是"既见树木，又见森林"。拿治病来做个例子，头痛可以医脚。所谓"分析"，就是"只见树木，不见森林"，"头痛医头，脚痛医脚"。这只是一个极其概括的说法，百分之百纯粹的综合思维或分析思维是没有的。

此外，我还发现，在历史上，东西方文化的关系是"三十年河东，三十年河西"。以中国文化为基础的东方文化，曾在世界上占主导地位。资本主义兴起以后，西方文化逐渐取代了东方文化，垄断世界达数百年之久。现在似乎是渐渐成了强弩之末。济其穷者必然是而且也只有东方文化。

我的意思并不是让东方文化消灭西方文化。那是完全荒谬绝伦的。我只是想说，在西方文化的基础上，用综合的思维方式来纠正分析的思维方式的某一些偏颇之处，能够解决西方文化迄今无法解决的一些自然和社会问题，把人类文化推到一个更高的阶段。

这样一个艰巨的任务绝非一代人或几代人在一两百年内就能完成的。我认为，下一个世纪就会是一个转折点。

今天的青年是迈向一个新世纪的一代新人，这个任务的开端工作就落在他们肩上。

第四篇

时代 青年 理想

第五篇

爱国理想

　　说到爱国，中国更为突出。在世界上众国之林中，没有哪一个国家宣传不爱国的。任何国家的人民都有权利和义务爱自己的国家。但是，我们必须对爱国主义加以分析，不能一见爱国主义，就认为是好东西。我个人认为，世界上有两种爱国主义，一真一假；一善一恶。被压迫、被侵略、被剥削国家和人民的爱国主义，是真爱国主义，是善的正义的爱国主义。而压迫人、侵略人、剥削人的国家和人民的爱国主义，是邪恶的，非正义的，假爱国主义，实际上应该称之为"害国主义"。

1.随感录三十八 ①/鲁迅

┃ 多有这"合群的爱国的自大"的国民,真是可哀,真是不幸!

　　中国人向来有点自大。——只可惜没有"个人的自大",都是"合群的爱国的自大"。这便是文化竞争失败之后,不能再见振拔改进的原因。

　　"个人的自大",就是独异,是对庸众宣战。除精神病学上的夸大狂外,这种自大的人,大抵有几分天才,——照 Nordau 等说,也可说就是几分狂气。他们必定自己觉得思想见识高出庸众之上,又为庸众所不懂,所以愤世疾俗,渐渐变成厌世家,或"国民之敌"。但一切新思想,多从他们出来,政治上宗教上道德上的改革,也从他们发端。所以多有这"个人的自大"的国民,真是多福气!多幸运!

　　"合群的自大","爱国的自大",是党同伐异,是对少数的天才宣战;——至于对别国文明宣战,却尚在其次。他们自己

———————

① 发表于 1918 年 11 月《新青年》,署名迅。

毫无特别才能，可以夸示于人，所以把这国拿来做个影子；他们把国里的习惯制度抬得很高，赞美的了不得；他们的国粹，既然这样有荣光，他们自然也有荣光了！倘若遇见攻击，他们也不必自去应战，因为这种蹲在影子里张目摇舌的人，数目极多，只须用 Mob 的长技，一阵乱噪，便可制胜。胜了，我是一群中的人，自然也胜了；若败了时，一群中有许多人，未必是我受亏：大凡聚众滋事时，多具这种心理，也就是他们的心理。他们举动，看似猛烈，其实却很卑怯。至于所生结果，则复古，尊王，扶清灭洋等等，已领教得多了。所以多有这"合群的爱国的自大"的国民，真是可哀，真是不幸！

不幸中国偏只多这一种自大：古人所作所说的事，没一件不好，遵行还怕不及，怎敢说到改革？这种爱国的自大家的意见，虽各派略有不同，根柢总是一致，计算起来，可分作下列五种：甲云："中国地大物博，开化最早；道德天下第一。"这是完全自负。乙云："外国物质文明虽高，中国精神文明更好。"丙云："外国的东西，中国都已有过；某种科学，即某子所说的云云"，这两种都是"古今中外派"的支流；依据张之洞的格言，以"中学为体西学为用"的人物。丁云："外国也有叫化子，——（或云）也有草舍，——娼妓，——臭虫。"这是消极的反抗。戊云："中国便是野蛮的好。"又云："你说中国思想昏乱，那正是我民族所造成的事业的结晶。从祖先昏乱起，直要昏乱到子孙，从过去昏乱起，直要昏乱到未来……（我们是四万万人，）你能把我们灭绝么？"这比"丁"更进一层，不去拖人下水，反以自己的丑恶骄人；至于口气的强硬却很有《水浒传》中牛二的态度。

五种之中，甲乙丙丁的话，虽然已很荒谬，但同戊比较，尚觉情有可原，因为他们还有一点好胜心存在。譬如衰败人家的子弟，看见别家兴旺，多说大话，摆出大家架子；或寻求人家一点破绽，聊给自己解嘲。这虽然极是可笑，但比那一种掉了鼻子，还说是祖传老病，夸示于众的人，总要算略高一步了。

　　戊派的爱国论最晚出，我听了也最寒心；这不但因其居心可怕，实因他所说的更为实在的缘故。昏乱的祖先，养出昏乱的子孙，正是遗传的定理；民族根性造成之后，无论好坏，改变都不容易的。法国 G. Le Bon 著《民族进化的心理》中，说及此事道（原文已忘，今但举其大意）——"我们一举一动，虽似自主，其实多受死鬼的牵制。将我们一代的人，和先前几百代的鬼比较起来，数目上就万不能敌了。"我们几百代的祖先里面，昏乱的人，定然不少：有讲道学的儒生，也有讲阴阳五行的道士，有静坐炼丹的仙人，也有打脸打把子的戏子。所以我们现在虽想好好做"人"，难保血管里的昏乱分子不来作怪，我们也不由自主，一变而为研究丹田脸谱的人物：这真是大可寒心的事。但我总希望这昏乱思想遗传的祸害，不至于有梅毒那样猛烈，竟至百无一免。即使同梅毒一样，现在发明了六百零六，肉体上的病，既可医治；我希望也有一种七百零七的药，可以医治思想上的病。这药原来也已发明，就是"科学"一味。只希望那班精神上掉了鼻子的朋友，不要又打着"祖传老病"的旗号来反对吃药，中国的昏乱病，便也总有痊愈的一天。祖先的势力虽大，但如从现代起，立意改变：扫除了昏乱的心思，和助成昏乱的物事（儒道两派的文书），再用了对症的药，即使不能立刻奏效，也可把那病毒略略屠淡。如此几代之后待我们成了祖先的时候，就可以分得昏乱祖先的若干势力，那时便有转机，Le Bon 所说的事，也不足怕了。

　　以上是我对于"不长进的民族"的疗救方法，至于"灭绝"一条，那是全不成话，可不必说。"灭绝"这两个可怕的字，岂是我们人类应说的？只有张献忠这等人曾有如此主张，至今为人类唾骂；而且于实际上发生出什么效验呢？但我有一句话，要劝戊派诸公。"灭绝"这句话，只能吓人，却不能吓倒自然。他是毫无情面：他看见有自向灭绝这条路走的民族，便请他们灭绝，毫不客气。我们自己想活，也希望别人都活；不忍说他人的灭绝，又怕他们自己走到灭绝的路上，把我们带累了也灭绝，所以在此着急。倘使不改现状，反能兴旺，能得真实自由的幸福生活，那就是做野蛮也很好。——但可有人敢答应说"是"么？

2. 论救国道德 [①] / 冯友兰

> 我们以为凡道德都是救国道德，凡道德的事，都是救国的事，凡不道德的事，都是祸国的事。

在抗战的时候，一般人都觉得不拘什么东西，都必须与救国有关，才有价值。有些人似乎以为，即道德亦必须与救国有关，才有价值，或才有特别价值，于是有人讨论，什么是救国道德。好像是我们可于道德中，特别提出一部分，说这是救国道德，好像是现在我们所应该特别提倡的道德。

这种看法，我们以为是错误的。这种错误，对于国家社会，是有害的。我们以为凡道德都是救国道德，凡道德的事，都是救国的事，凡不道德的事，都是祸国的事。

欲说明此点，我们须先说明道德的性质。一个社会组织，如欲存在，其分子必须遵守某些规律。如一个社会组织的分子，皆守此规律，则此社会组织，即是一个健全社会的组织，如皆不守

---

① 本文作于 1940 年 10 月。

此规律，则此社会组织即"土崩瓦解"，不能存在，这些规律，即是所谓道德。道德是一个社会组织的存在所必需的。

国家亦是一个社会组织。它若果要存在，组成它的分子，必须遵守上所说的规律。这就是说，一切国民，都必须守道德。所谓救国者，无非欲使国家存在，国民守道德，都是所以使国家存在，所以凡道德的事，都是救国的事。反之，凡不道德的事，都是祸国的事。

例如商人做生意，要公平交易，这是商人的道德，在表面上看，似乎是与救国无关。但商人若贪图厚利，囤积居奇，任意提高物价，使物价高涨，则必影响到后方整个的经济，后方的经济，一有扰乱，前方即要受到影响，这是我们现在所亲身经验到的事实。

又例如节约用费，不可乱用钱，这是个人的俭德，似乎亦与救国无关，但如大家都有钱乱用，则市面上钱多货少，亦能影响到物价，使物价高涨，因而影响到后方整个的经济。政府现在正提倡人民节约。可见节约也是与救国有关系的。

还有些人，做所谓公德私德的分别，这种分别，亦是不能通的。凡可称为道德者，都是与社会有关系的。例如上所说的公平交易及节约等，照这些人的说法，似乎应该是私德了。但照上所说的，我们可见其与国家关系是重大的。凡纯粹个人的事，与社会无关者，是不属于道德的范围的。例如一个人好喝酒，这或者不是一个好习惯，但我们不说这是不道德的事。一个人不好喝酒，这或者是一个好习惯，但我们不说这是道德的事。一个人好穿红白衣服，我们不能说他的行为是不道德的。但如于"跑警报"时，仍穿红白衣服，不顾大家的安全，这行为就是不道德的了。这是因其与别人有关系的缘故。凡人的行为，必与别人有关系，才发生是道德的或是不道德的问题。

说道德有公私的分别，是错误的，说特别有救国道德，亦是错误的，这种错误，对于国家社会是有害的，因为什么呢？

以为道德有公私分别的人，大都以为一个人的行为，若是属于所谓私德方面者，大家不能或不必求全责备。我们不承认有所谓公德私德的分别，即令有之，而在实际行为中，所谓公私的分别，往往亦很难分清，有些人做了不道德的事，别人要责备他，他说：这是我的私德，与你无干。好像从前皇帝，于废皇后、废太子的时候，如大臣谏阻，他说："此朕家事。"其实他的家事，就是国事，二者之间，很难有清楚的界限。

特别指出某一部分的道德，说这是救国道德，其害更有甚焉。因为如此，可以使一般人以为，除此以外，别的道德的事，都与救国无关，都是承平时候的事，在抗战时候，则可以做可以不做。做官吏的，可以敷衍因循。做商人的，可以贪图厚利，发国难财。做教员的可以不用心教书，做学生的可以不用心求学，以为这些都与救国没有关系。其实这些事都是与救国有关系的。提倡特别有救国道德者，当然不一定特别指明，说这些事是与救国无关。但其对于所谓救国道德，特别提倡，难免予人以如此所说的错误印象。这种错误印象，对于国家，是有害的。

我们须知，所有的道德，都是救国的道德，所有道德的事，都是救国的事，所有不道德的事，都是祸国的事。所以我们主张不必特别提倡所谓救国道德。

3. 爱国诗 [①] / 朱自清

> "咱们的中国！"这一句话正是我们人人心里的一句话，现实的，也是理想的。

死去元知万事空，但悲不见九州同。

王师北定中原日，家祭无忘告乃翁！

这是南宋爱国诗人陆放翁（游）临终《示儿》的诗，直到现在还传诵着。读过法国都德的《柏林之围》的人，会想到陆放翁和那朱屋大佐分享着同样悲惨的命运；可是他们也分享着同样爱国的热诚。我说"同样"，是有特殊意义的。原来我们的爱国诗并不算少，汪静之先生的《爱国诗选》便是明证；但我们读了那些诗，大概不会想到朱屋大佐身上去。这些诗大概不外乎三个项目。一是忠于一朝，也就是忠于一姓。其次是歌咏那勇敢杀敌的将士。其次是对异族的同仇。所谓"非我族类，其心必异"。第二项可能只是一姓的忠良，也可能是"执于戈以卫社稷"的"国殇"。

---

① 本文作于 1943 年。

说"社稷"便是民重君轻，跟效忠一姓的不一样。《楚辞》的《国殇》所以特别教人注意，至少一半为了这个道理。第三项以民族为立场，范围便更广大。现在的选家选录爱国诗，特别注意这一种，所谓民族诗。社稷和民族两个意念凑合起来，多少近于我们现在所说的"国家"，但"理想的完整性"还不足；若说是"爱国"，"理想的完美性"更不足。顾亭林第一个说出"天下兴亡，匹夫有责"这警句，提示了一个理想的完整的国家，确是他的伟大处。放翁还不能有这样明白的意念，但他的许多诗，尤其这首《示儿》诗里，确已多少表现了"国家至上"的理想；所以我们才会想到具有近代国家意念的朱屋大佐身上去。

放翁虽做过官，他的爱国热诚却不仅为了赵家一姓。他曾在西北从军，加强了他的敌忾；为了民族，为了社稷，他永怀着恢复中原的壮志。这种壮志常常表现在他的梦里；他用诗来描画这些梦。这些梦有些也许只是昼梦，睁着眼做梦，但可见他念兹在兹，可见他怎样将满腔的爱国热诚理想化。《示儿》诗是临终之作，不说到别的，只说"北定中原"，正是他的专一处。这种诗只是对儿子说话，不是什么遗疏遗表的，用不着装腔作势，他尽可以说些别的体己的话；可是他只说这个，他正以为这是最体己的话。诗里说"元知万事空"，万事都搁得下，"但悲不见九州同"，只这一件搁不下。他虽说"死去"，虽然"'不见'九州同"，可是相信"王师"终有"北定中原日"，所以叮嘱他儿子"家祭无忘告乃翁"！教儿子"无忘"，正见自己的念念不"忘"。这是他的爱国热诚的理想化，这理想便是我们现在说的"国家至上"的信念的雏形，在这情形下，放翁和朱屋大佐可以说是"同样"的。过去的诗人里，也许只有他配称为爱国诗人。

辛亥革命传播了近代的国家意念，五四运动加强了这意念。

可是我们跑得太快了，超越了国家，跨上了世界主义的路。诗人是领着大家走的，当然更是如此。这是发现个人发现自我的时代。自我力求扩大，一面向着大自然，一面向着全人类，国家是太狭隘了，对于一个是他自己的人。于是乎新诗诉诸人道主义，诉诸泛神论，诉诸爱与死，诉诸颓废的和敏锐的感觉——只除了国家。这当然还有错综而曲折的因缘，此处无法详论。但是他有例外，如康白情先生《别少年中国》，郭沫若先生《炉中煤（眷念祖国的情绪）》等诗便是的。我们愿意特别举出闻一多先生；抗战以前，他差不多是唯一有意大声歌咏爱国的诗人。他歌咏爱国的诗有十首左右；《死水》里收了四首。且先看他的《一个观念》：

> 你隽永的神秘，你美丽的谎，
> 你倔强的质问，你一道金光，
> 一点儿亲密的意义，一股火，
> 一缕缥缈的呼声，你是什么？
> 我不疑，这因缘一点也不假，
> 我知道海洋不骗他的浪花。
> 既然是节奏，就不该抱怨歌。
> 啊，横暴的威灵，你降伏了我，
> 你降伏了我！你绚缦的长虹——
> 五千多年的记忆，你不要动，
> 如今我只问怎样抱得紧你……
> 你是那样的横蛮，那样的美丽！

这里的国家的观念或意念是近代的；他爱的是一个理想的完整的中国，也是一个理想的完美的中国。

这个国家意念是抽象的，作者将它形象化了。第一将它化作
"你"，成了一个对面听话的。"五千多年的记忆"，这是中国
的历史。"抱得紧你"就是"爱你"。怎样爱中国呢？中国"那
样美丽"，"美丽"的像"谎"似的。它是"亲密的"，又是"神
秘"的，怎样去爱呢？它"倔强的质问"为什么不爱它，又"缥
缈的"呼喊人去爱它。我们该爱它，浪花是该爱海的；难爱也得
爱，节奏是"不该抱怨歌"的。它"绚缦"得可爱，却又"横暴"
得可怕；爱它，怕它，只得降了它。降了它为的爱，爱就得抱紧它。
但是怎样"抱得紧"呢？作者彷徨自问；我们也都该彷徨自问的。
陆放翁的《示儿》诗以"九州同"和"王师北定中原"两项具体
的事件或理想为骨干。所谓"同"，指社稷，也指民族。"九州"
便是二者的形象化。顾亭林说"匹夫"，也够具体的。但"一个
观念"超越了社稷和民族，也统括了社稷和民族，是一个完整的
意念，完整的理想；而且不但"提示"了，简直"代表"着，一
个理想的完整的国家。这种抽象的国家意念，不必讳言是外来的，
有了这种国家意念才有近代的国家。诗里形象化的手法也是外来
的，却象征着表现着一个理想的完美的中国。可是理想上虽然完美，
事实上不免破烂；所以作者彷徨自问，怎样爱它呢？真的，国民
革命以来，特别是"九一八"以来，我们都在这般彷徨地自问着——
我们终于抗战了！

抗战以后，我们的国家意念迅速的发展而普及，对于国家的
情绪达到最高潮。爱国诗大量出现。但都以具体的事件歌咏的对象，
理想的中国在诗里似乎还没有看见。当然，抗战是具体的、现实的。
具体的节目太多了，现实的关系太大了，诗人们一方面俯拾即是，
一方面利害切身，没工夫去孕育理想，也是真的。他们发现内地
的美丽，民众的英勇，赞颂杀敌的英雄，预言最后的胜利，确是

尽了最大的努力。但是我们的抗战，如我们的领导者屡次所昭示的，是坚贞的现实，也是美丽的理想。我们在抗战，同时我们在建国；这便是理想。理想是事实之母；抗战的种子便孕育在这个理想的胞胎中。我们希望这个理想不久会表现在新诗里。诗人是时代的前驱，他有义务先创造一个新中国在他的诗里。再说这也是时候了。抗战以来，第一次我们获得了真正的统一；第一次我们每个国民都感觉到有一个国家——第一次我们每个人都感觉到中国是自己的。完整的理想已经变成完整的现实了。固然完美的中国还在开始建造中，还是一个理想；但我相信我们的国家意念已经发展到一个程度，我们可以借用美国一句话："我的国啊，对也罢，不对也罢，我的国啊。"（这句话可以有种种解释，这里是说，我国对也罢，不对也罢，我总忍不爱它。）"如今我只问怎样抱得紧你……"，要"抱得紧"得整个儿抱住；这得有整个儿理想，包孕着笼罩着片段的现实，也包孕着笼罩着整个的现实的理想。

现在我们再来看看《死水》里的《一句话》：

> 有一句话说出就是祸，
>
> 有一句话能点得着火。
>
> 别看五千年没有说破，
>
> 你猜得透火山的缄默？
>
> 说不定是突然着了魔，
>
> 突然青天里一个霹雳
>
> 爆一声
>
> "咱们的中国！"
>
> 这话教我今天怎么说？
>
> 你不信铁树开花也可，

那么有一句话你听着：

等火山忍不住了缄默，

不要发抖，伸舌头，顿脚，

等到青天里一个霹雳

爆一声

"咱们的中国！"

　　现在，真的，铁树开了花，"火山忍不住了缄默"，"那五千年没有说破"的"一句话"，那"青天里一个霹雳"似的一声，果然"爆"出来了。火已经点着了，说是"祸"也可，但是"祸兮福所倚"，六年半的艰苦抗战奠定了最后胜利的基础。最后的胜利必然是我们的。这首诗写在十七八年前头，却像预言一般，现在开始应验了。我们现在重读这首诗，更能感觉到它的意义和力量。它还是我们的预言："咱们的中国！"这一句话正是我们人人心里的一句话，现实的，也是理想的。

4. 季羡林谈爱国主义摘编 / 季羡林

> 有志者要奋发图强，爱国雪耻。

不管怎样，在写作散文方面，我的成绩是微不足道的；我的这点想法，也许是幼稚可笑的。但是我总觉得在这方面英雄大有用武之地；希望有尽可能多的人到这个园地里来一试身手，抒发我们大干社会主义的感情，抒发我们实现四个现代化的意志，抒发我们向往人类的最高理想，抒发我们的朋友遍天下的情操，让祖国的一山一石，一草一木，一人一事，一封一邑，都能焕发光彩，增添情趣。

《朗润集》自序 1980 年 4 月 7 日

我一向热爱自己的家乡，热爱自己的祖国。一想到自己的家乡的穷困，一想到中国农民之多、之穷，我就忧从中来，想不出什么办法，让他们很快地富裕起来。我为此不知经历了多少不眠之夜。

但是，好像一个奇迹一般，用一句西洋现成的话来说，就是：

我一个早上一睁眼，忽然发现，我的家乡的，也可以说是全中国的农民突然富起来了，我觉得自己的家乡从来没有这样可爱过，自己的祖国从来没有这样可爱过。浓烈的幸福之感油然传遍了全身。

《还乡十记》前言 1982 年 10 月 19 日

鉴真会不会怀念祖国呢？当然会的。他同样也是怀着满腔炽热的感情爱着自己的伟大的祖国。否则他决不会在离开祖国一千多年以后又不远千里不顾年老体衰仆仆风尘回国探亲。不但探望了扬州，而且还探望了他离开祖国时还不存在的首都北京。他是一位高僧，不会有什么尘世俗念。但是爱国之情是人们最基本的感情，高僧也不能例外。遥想他当年远离祖国，寄身异邦，每天在礼佛讲经之余，一灯荧然，焚香静坐，殿外的春花秋月、夏雨冬雪，难免逗起一腔怀乡之情。檐边铁马的丁冬不会让他想到扬州古寺中的铁马吗？日本古代大俳句家松尾芭蕉非常了解鉴真的心情。他有一首著名的俳句，前有小引："唐招提寺开山祖鉴真和尚来日时，于船中遇难七十余次。其间，因海风侵袭双目，终成盲圣。今日拜谒尊像，得诗一首。"诗云：

新叶滴翠，摘来拂拭尊师泪。

像鉴真这样的高僧，断七情，绝六欲，眼中的泪珠从何而来呢？除了因怀念祖国而流泪之外，还能有什么原因呢？大诗人芭蕉不愧是真正的诗人，他能深切体会鉴真的心情，发而为诗，才写出这样感人的诗句，使我们今天的人，不管是中国人，还是日本人，读到它，还为之感动不已。

《游唐大招提寺》1985 年 1 月 29 日

我们中国人，不管读没读过芭蕉的名句，好像都能体会鉴真爱国思乡的心情。因此，当他这次回国探亲时，不管走到什么地方，扬州也好，北京也好，他都受到热烈的欢迎。今天他看到祖国同他当年的祖国相比，已经完完全全变了样子；但是祖国的人民、祖国人民的心，特别是对他那一片赤诚之心，则是一点也没有变的。我想，鉴真是完全擦干了眼泪带着微笑回到他的第二祖国日本去的吧！即使在日本再待上几百年，甚至几千年，他内心里也感到欣慰吧！

《游唐大招提寺》1985 年 1 月 29 日

我们一向被称作伟大的民族。但是到了近代和现代，外国人怎样来认识我们呢？我们自己又是怎样来认识自己呢？外国人认识我们，我们自己认识自己，都有一个曲折的过程。如果画一条界限的话，1840 年开始的鸦片战争就是一条天然的界限。在这之前，在十七八世纪，中国人在欧洲人心目中，是有天才的民族，是伟大的民族，是有高度文明的民族。当时他们向往的是中国，学习的是中国。但是殖民主义者一旦侵入中国，中国许多弱点暴露出来了。首先是中国力量不强。在信奉优胜劣败的欧洲人眼中，中国不行了，中国人不吃香了，中国成了有色人种，成了劣等民族。久而久之，他们忘记了曾经有一段崇拜中国文化的历史。而我们中国人自己也忘记了过去在欧洲人心目中的地位。有志者要奋发图强，爱国雪耻。庸俗者则产生了贾桂思想，总觉得自己不行。中华人民共和国的成立，是另一条界限。绝大多数外国朋友对中国也另眼相看了。但是一百多年的习惯势力，余威未退。有贾桂思想者也不乏人，最典型的代表就是四人帮一伙。他们义形于色，振振有词，天天批什么洋奴哲学，实际上在他们灵魂深处，他们自己最有洋奴相，见了洋人，屁滚尿流，奉若神明。

《中国纪行》中译本序 1985 年 6 月 1 日

到了今天，我们进行爱国主义教育的任务，还很艰巨，我们必须教会青年人怎样正确认识外国，怎样正确认识自己。我们决不盲目排外，我们承认外国有很多东西我们必须学习，但是我们也决不盲目拜倒在外国人脚下，认为月亮也是外国的圆。

《中国纪行》中译本序 1985 年 6 月 1 日

过去的五十年，是世事多变的五十年。我们的民族，还有我自己，都是既走过阳关大道，也走过独木小桥。这种情况在集子中约略有所反映。现在我们的国家终于拨云雾而见青天，我自己也过了古稀之年。我还没有制订去见马克思的计划。今后，我积习难除，如果真有所感——我强调的是一个"真"字，我还将继续写下去的。我们的国家、我们的民族，不管目前还有多少困难，总的趋向是向上的、是走向繁荣富强的。我但愿能用自己这一支拙劣的笔鼓吹升平，与大家共同欣赏社会主义建设的钧天大乐。

《季羡林散文集》自序 1985 年 11 月 7 日

一个民族、一个人也一样，了解自己是非常不容易的。中国这样一个伟大的民族也不例外。在鸦片战争以前，我们根本不了解自己，也不了解世界大势，昏昏然，懵懵然，盲目狂妄自大，以王朝大国自居，夜郎之君、井底之蛙，不过如此。现在读一读当时中国皇帝写给欧洲一些国家的君主的所谓诏书，那种口吻，那种气派，真令人啼笑皆非又不禁脸上发烧，心里发抖。

《歌德与中国》序 1987 年 11 月 30 日

鸦片战争以后，中国的统治者，在殖民主义者面前，节节败退，碰得头破血流，中国人最重视的所谓"面子"，丢得一干二净。他们于是来了一个一百八十度的大转变，一变而向"洋鬼子"低首下心，奴颜婢膝，甚至摇尾乞怜。上行下效，老百姓也受了影响，流风所及，至今尚余音袅袅，不绝如缕。鲁迅先生发出了"中国人失掉自信力了吗"的慨叹，良有以也。

《歌德与中国》序 1987 年 11 月 30 日

应该让中国人民从上到下都能真正了解自己，了解历史，了解世界大势，真正了解我们民族的过去和现在，看待一切问题，都要有历史眼光。中国人民在世界人民心目中的地位，并不总是像解放前一百来年那个样子的。我个人认为，鸦片战争是一个转折点，在这之前，西方人看待中国同那以后是根本不同的。在那以前，西方人认为中国是智慧之国，文化之邦，中国的一切都是美好的，令人神往的。从十七八世纪欧洲一些伟大的哲人的著作中，可以清清楚楚地看到这一点。从德国伟大的诗人歌德的著作中，也可以清清楚楚地看到这一点。

《歌德与中国》序 1987 年 11 月 30 日

特别是今天的年轻人，看待自己要有全面观点、历史观点、辩证观点。盲目自大，为我们所不取。盲目地妄自菲薄，也决不是正当的。我们今天讲开放，是完全正确的。但是，我们对西方的东西应该有鉴别的能力，应该能够分清玉石与土块、鲜花与莠草，不能一时冲动，大喊什么"全盘西化"，认为西方什么东西都是好的。西方有好东西，我们必须学习。但是，一切闪光的东西不都是金子。难道西方所有的东西，包括可口可乐、牛仔裤之类，都是好得不能再好、不可须臾离开的东西吗？过去流行一时的喇叭裤现在到哪里去了呢？我们今天的所思、所感、所作、所为应该能经得起历史的考验。千万不要重蹈覆辙，在若干年以后，回头再看今天觉得滑稽可笑。

《歌德与中国》序 1987 年 11 月 30 日

我到北大工作已经四十多年了。经过四十多年的观察与思考，我觉得，北大的最突出的特点就是继承而且发扬了中国知识分子的优良传统：关心国家大事。"天下兴亡，匹夫有责"，这是中国的优良传统。从汉朝的太学生起，一直到了解放后，中国的大学生以天下为己任的意识很强，北大尤甚。从五四运动、一二·九运动，反饥饿、反迫害的斗争，一直到解放后抗美援朝运动，北大无不走在运动的前面。对国家对人民的责任感可以说是已经形成了北大的光荣传统。

《北京大学》序 1988 年 2 月 24 日

与以天下为己任的思想有密切联系的是爱国主义思想。这一点在中国知识分子，从历史上一直到今天表现得特别突出。这原因，一方面由于中国历来有爱国主义的传统，另一方面则由于中国曾长期处在半殖民地地位。殖民地和半殖民地的知识分子，因为本身受到压迫，最容易产生爱国主义思想。

《北京大学》序 1988 年 2 月 24 日

九十年来，北大的学生，当然也有教职员，在以上提到的两个特点方面，表现得十分突出。现在我国虽然已经进到社会主义初级阶段，不压迫别人，也不受别人压迫，但是以天下为己任和爱国主义思想仍然是我们迫切需要的。

《北京大学》序 1988 年 2 月 24 日

那么，中国知识分子的异常鲜明、异常突出之处究竟何在呢？归纳起来，我认为有两点：一是讲骨气，二是讲爱国。所谓"骨气"，就是我们常说的"有骨头""有硬骨头"等。还有"不吃嗟来之食"也属于这一类。至于"宁死不屈""宁为玉碎，不为瓦全"等一类的话，更加俯拾即是。《孟子·滕文公下》说："富贵不能淫，贫贱不能屈，威武不能移，此之谓大丈夫。"这说得多么具体，多么生动，掷地可做金石声。我们不但这样说，而且这样做。三国时祢衡击鼓骂曹，被曹操假黄祖之手砍掉了脑袋。近代章太炎胸佩大勋章，赤足站在新华门前，大骂住在里面的袁世凯，更是传为佳话，引起普遍的尊重。这种例子，中国历史上还多得很。其他国家，不能说一点也不提倡骨气；但绝没有中国这样普遍，这样源远流长。

《神州学人丛书》序 1995 年 11 月 5 日

说到爱国，中国更为突出。在世界上众国之林中，没有哪一个国家宣传不爱国的。任何国家的人民都有权利和义务爱自己的国家。但是，我们必须对爱国主义加以分析，不能一见爱国主义，就认为是好东西。我个人认为，世界上有两种爱国主义，一真一假；一善一恶。被压迫、被侵略、被剥削国家和人民的爱国主义，是真爱国主义，是善的正义的爱国主义。而压迫人、侵略人、剥削人的国家和人民的爱国主义，是邪恶的，非正义的，假爱国主义，实际上应该称之为"害国主义"。这情况一想就能明白。德国法西斯和日本军国主义者狂喊"爱国主义"，喊得震天价响。这样的国能爱吗？值得爱吗？谁爱这样的国，谁就沦为帮凶。而我们中国，以汉族为基础的中国，虽号称天朝大国，实则每一个朝代都有"边患"，我们反而是被侵略、被屠杀者。这些少数民族，现在已融入中华民族这个大家庭中；但在历史上却确是敌人。我们不能把古代史现代化。因为中国人民始终处在被侵略、被屠杀的环境中，存在决定意识，我们就形成了连绵数千年根深蒂固的爱国主义。中国历史上有名的爱国者灿如列星，光被四表。汉朝的苏武，宋朝的岳飞、文天祥、辛弃疾、陆游等，至今都是家喻户晓的人物，为中华民族增添了正气，为我们后代做出了榜样，永远照亮我们前进的道路。

《神州学人丛书》序 1995 年 11 月 5 日

有一点我们都是应该肯定的：胡适是个有深远影响的大人物，他是推动中国"文艺复兴"的中流砥柱，尽管崇美，他还是一个爱国者，多少年来泼到他身上的污泥浊水必须清洗掉。我们对人，对事，都要实事求是，这是我们从事学术研究的人们的起码的准则。

《还胡适以本来面目》1996 年 12 月 24 日

回顾中国立国以来五六千年的历史，我们不难发现一个独特的历史现象：尽管中国向来就是一个大国，按照今天西方霸权主义者的"理论"，国一强大，必然侵略。但是，在中国漫长的历史上，我们不能说没有侵略过别的国家，可被侵略的情况大大地超过侵略。我们历史上每一个朝代都有外敌压境，掠夺我们的土地，杀戮我们的人民，逼得我们不得不奋起自卫。几个开国的英主，都有被围困或秘密称臣的耻辱。我们的"天子"也有几个被外敌掳去，青衣行酒，备受凌辱。

《中国人民站起来了》1997 年 3 月 25 日

存在决定意识。中国的爱国主义思想，源远流长，根深蒂固。这种爱国主义思想，表现在中国文学创作上，最为显著。一部中国文学史，代代有脍炙人口、妇孺传诵的爱国主义诗篇，为他国文学史所不见。这种爱国主义思想同样表现在人们的身上。我们每一个朝代都有一些"大名垂宇宙"的爱国者，比如汉代的苏武，唐代以杜甫为首的一大批诗人，宋代岳飞、文天祥、陆游等，明代的史可法，清代的林则徐等，我们中国是出爱国者最多的国家。反之，如果想在欧美历史上找一个真正的爱国者，亘如凤毛麟角。我决无意说，欧美人不爱国。爱国是人人的天职，不过由于存在的环境不同，从而产生的结果也就不同而已。

《中国人站起来了》1997 年 3 月 25 日

我常常说，中国的知识分子同全世界的知识分子比较起来，是最爱国的，一直到今天仍然如此。我不想说，中国知识分子天生的基因的不同，那样说完全是唯心主义。其根源也不外是，存在决定意识。我们中国的知识分子，在几千年的政治条件下，又受了中国传统文化的潜移默化，不得不爱国也。

《中国人站起来了》1997 年 3 月 25 日

这一段时间，正是中国知识分子和全国人民一样，最兴高采烈，意气风发的时代。我是其中一分子，有亲身的感受。在那时候，我们眼前遍地都是玫瑰鲜花，足下走的全是金光大道。人类最高的幸福境界，仿佛就在眼前。天色特别蓝，草色特别青，月色特别明，水色特别清。行走时，身轻如燕；睡觉时，好梦常圆。好像把几千年来压在身上的重担，一一抛掉，自己仿佛要羽化而登仙了。

《拂晓集》序 1997 年 4 月 15 日

因为，在全世界知识分子之林中，中国的知识分子最具有爱国心。"天下兴亡，匹夫有责"，有哪一个国家的知识分子曾经说出了这样的话？我们作为中国知识分子，是应该引以自豪的。可惜，现实毕竟不是天堂乐园。从那以后，知识分子那些不切实际的幻想，逐渐被现实撞得有点摇摇欲坠。这怪不得任何人，只能怪我们知识分子本身：我们有时太容易空想了，我们"唯心主义"太根深蒂固了。

但是，尽管如此，一直到今天，我仍然相信，中国的知识分子绝大部分仍然热爱我们的伟大祖国，对她怀有希望。

《拂晓集》序 1997 年 4 月 15 日

黛云的前半生，屡遭磨难，透过历史的烟尘，她看到过极其令人愤懑的东西；然而她那一颗拳拳爱国之心丝毫未改。正当别人昼思梦想使自己在国外的居留证变成了绿色，对于这些人来说，太平洋彼岸就好像是佛经中常描述的宝渚，到处是精金美玉，到处开满了奇花异卉，简直是人间的乐园，天上福地。留在这样一个地方，对黛云和一介来说，唾手可得。然而他们却仍然选择了中国。在中国，本来她也有很多机会，弄上一顶乌纱帽，还可能是一顶令人艳羡不置的驻外的乌纱帽。然而她却偏偏又选择了北大，一领青衿，十年冷板凳，一待就是一生。我觉得，在当前的中国，我们所最需要的正是这一点精神，这一点骨气。我们中华民族所赖以屹立于世界民族之林的也正是这一点精神，这一点骨气。我们切不可以等闲视之。

《透过历史的烟尘》序 1997 年 5 月 22 日

中华民族，立国于东亚大地，垂五千年。文化昌明，光华复旦；

对全人类之文化，贡献至大。在先秦时期，周室陵夷，群雄割据，实有类于今日之欧洲。但自秦皇统一，直至中华人民共和国之建立，两千余年间，征诸史实，实合多而分少，至今仍为统一之大国。近日香港复归，澳门回归有日，全国真正之统一，亦指日可待。其故焉在？不出两端，一曰爱国之心切，二曰凝聚之力强。前者实为后者之基础，而后者则为前者之表现，斯二者又均源于中华文化积淀之既厚且深。三者实一而三三而一者也。

值此中华民族故土园创建之际，恭撰颂词曰：

山高水长，中华之风。

功被寰宇，勋此彪炳。

镌芳名于石壁，表国土之共拥。

扬炎黄之国威，振华夏之无声。

承先民之余绪，开万世之太平。

树兹石于吉地，共三光而永明。

《颂中华民族故土园》1997 年 7 月 1 日

根据我个人的观察，尽管许多知识分子的愤懑未舒，物质待遇还只能说是非常菲薄，有时难免说些怪话；但是他们的爱国之心未减，"不用扬鞭自奋蹄"。说这样的人是"物美价廉，经久耐用"，完全是符合实际情况的。

《牛棚杂忆》1998 年

爱国必自小处爱起，必自近处爱起，必自身旁爱起。国家是一个大概念，几乎是广阔无垠的。世界上没有无缘无故的爱，也没有无缘无故的恨。我们之所以爱这个广阔无垠的国家，存在决定意识，这个爱必有决定之者。笼统说起来，决定之者也并不难找。我们有五千年光辉灿烂的文明；我们对人类做出了巨大的贡献；我们有勤劳、勇敢、智慧的人民；几千年中，我们大都有"边患"，受到最初是外来民族（今天有的已经融入中华民族大家庭中）的侵扰，甚至屠杀；我们产生了世界历史上最多的最著名的爱国者。如此等等，不一而足。因此，我们这个国家是必须爱的。有这样的国家而不爱，是违反天理，违反人情的。

《清华旧影》序 1998 年 7 月 29 日

国家这个概念毕竟太大了。我们每天在国家中，我们又往往会感到见不到国家在哪里。我们能够见到的，能够感觉到的往往是我们身边的人和事。只有感到身边的人和事可亲可爱，才能推而广之，大到一个城市和一个地区，最后大到国家。这样产生的爱才真正是摸得着看得见的，才真正是具体的，才真正能持久的。爱国必自爱母始，就是一个最好的最具体的例子。

《清华旧影》序 1998 年 7 月 29 日

爱国为什么不能自爱校始呢？我们回忆水木清华，我们回忆良师益友，我们回忆园中的一草一木，一山一水，我们回忆一切美好的东西，所有这一些回忆带给我们的是一种无法用言语形容的温馨。我们的母校清华是极端可爱的，由不得我们不去爱她。但是清华是伟大祖国的一部分，西山紫气，东海碧波，共同成为清华的屏障和背景。这些都是伟大祖国的一部分，由不得我们不爱我们伟大的祖国。爱国必自爱校始。

《清华旧影》序 1998 年 7 月 29 日

过去这五十年，是极为不平常的五十年，有风和日丽，也有阴霾蔽天；有阳关大道，也有独木小桥。千古悲剧的十年浩劫，把共和国推到了湮灭的边缘上。1978 年十一届三中全会，挽救了国家，挽救了人民，也挽救了知识分子。

　　我作为一个老知识分子，这一切我都经历过。我深知，中国知识分子有浓烈的爱国主义思想传统。有的知识分子，爱国未毕身先死，常使英雄泪满襟。但是活下来的知识分子，依然爱国如初。我根据我的观察和个人的体会，我认为，中国知识分子的祖国情结，是几千年历史环境造成的，它能历劫不变，坚不可摧。

《共和国与我》1998 年 10 月 1 日

5. 再谈爱国主义 [①] / 季羡林

> 爱国主义与国际主义是相通的，是互有联系的。保卫世界
> 和平是两者共同的愿望。

爱国主义这样一个题目，不知道有多少人写了文章，做过发言。我自己在过去的一些文章中也曾谈到过这个题目。如果说我对这个题目有什么贡献的话，那就是，我曾指出来，不要一看爱国主义就认为是好东西。爱国主义有两种：一种是正义的爱国主义，一种是邪恶的爱国主义。日寇侵华时中日两国都高呼爱国，其根本区别就在于一个是正义的，一个是邪恶的。如果有人已经做过这样的论断，那就怪我老朽昏庸，孤陋寡闻，务请普天下大方家原谅则个。

我既不是哲学家，也不是思想家，但好胡思乱想。俗话说：愚者千虑，必有一得。我希望，这一句话能在我身上兑现。简短直说，我想从国籍这个角度上来探讨爱国主义。按现在的国际惯例，每个人都必须有一个国籍。听说有人有双国籍，情况不明，这里不谈。国际法大概允许无国籍。

[①] 本文作于 2002 年 12 月 27 日。

二战期间，我滞留德国。中国南京汪伪政府派去了大使。我是绝对不能与汉奸沾边的，我同张维到德国警察局去宣布自己无国籍。

爱国的国字，如果孤立起来看，是一个模糊名词。哪里的国？谁的国？都不清楚。但是，一旦同国籍联系在一起，就十分清楚了。国就是这个国籍的国。再讲爱国的话，指的就是爱你这个国籍的国。

如果一个国家热爱和平，绝不想侵略、剥削、压迫、屠杀别的国家，愿意同别的国家和平共处。这样的国家是值得爱的，非爱不行的。这样的爱国主义就是我上面所说的正义的爱国主义。反之，如果一个国家，特别是它的领导人，专心致志地侵略别的国家，征服别的国家，最终统一全球，天上天下，唯我独尊。这样的国家是绝对不能爱的，爱它就成了统治者的帮凶。爱国主义与国际主义是相通的，是互有联系的。保卫世界和平是两者共同的愿望。

要举具体的例子嘛，就在眼前。二战期间，西方一个德国，领袖是希特勒。东方一个日本，头子是东条英机。两国在屠杀别国人民的时候，都狂呼爱国主义。这当然就是我上面所说的邪恶的爱国主义。两个国家，两个头子的下场是众所周知的。

这种情况已经是俱往矣。然而到了今天，居然还有一个大国，亦步亦趋地步希特勒、东条英机的后尘，手舞大棒，飞扬跋扈，驻军遍世界，航空母舰游弋于几大洋。明明知道，别的国家是不可能从外面进攻它的，却偏搞什么导弹防御系统。任何国家屁大的事，它都要过问。不经过它的批准，就是非圣无法。联合国它根本看不起，它就是天下的主人。

有这个国家国籍的人们的爱国主义怎样表现？这个国家，特别是它的领导人值不值得爱？这是有这个国家国籍的人们要慎重考虑的问题。我一个局外人不敢越俎代庖。